그러니까,
존중
성교육

Foreign Copyright:
Joonwon Lee   Mobile: 82-10-4624-6629
Address: 3F, 127, Yanghwa-ro, Mapo-gu, Seoul, Republic of Korea
          3rd Floor
Telephone: 82-2-3142-4151
E-mail: jwlee@cyber.co.kr

그러니까, 존중 성교육

2019. 3. 11. 1판 1쇄 발행
2023. 11. 1. 1판 4쇄 발행

지은이 ｜ 김혜경
펴낸이 ｜ 최한숙
펴낸곳 ｜ BM 성안북스
주소 ｜ 04032 서울시 마포구 양화로 127 첨단빌딩 3층(출판기획 R&D 센터)
      ｜ 10881 경기도 파주시 문발로 112 파주 출판 문화도시(제작 및 물류)
전화 ｜ 02) 3142-0036
    ｜ 031) 950-6300
팩스 ｜ 031) 955-0510
등록 ｜ 1978. 9. 18. 제406-1978-000001호
출판사 홈페이지 ｜ www.cyber.co.kr
이메일 문의 ｜ smkim@cyber.co.kr
ISBN ｜ 978-89-7067-348-6 (03370)
정가 ｜ 17,000원

이 책을 만든 사람들
총괄 ｜ 김상민
기획 ｜ 전희경
교정 ｜ 북코디
일러스트 ｜ 상상주아
본문·표지 디자인 ｜ Studio Marzan 김성미
홍보 ｜ 김계향, 유미나, 정단비, 김주승
국제부 ｜ 이선민, 조혜란
마케팅 ｜ 구본철, 차정욱, 오영일, 나진호, 강호묵
마케팅 지원 ｜ 장상범
제작 ｜ 김유석

■ **도서 A/S 안내**

성안당에서 발행하는 모든 도서는 저자와 출판사, 그리고 독자가 함께 만들어 나갑니다.
좋은 책을 펴내기 위해 많은 노력을 기울이고 있습니다. 혹시라도 내용상의 오류나 오탈자 등이
발견되면 **"좋은 책은 나라의 보배"**로서 우리 모두가 함께 만들어 간다는 마음으로 연락주시기
바랍니다. 수정 보완하여 더 나은 책이 되도록 최선을 다하겠습니다.
성안당은 늘 독자 여러분들의 소중한 의견을 기다리고 있습니다. 좋은 의견을 보내주시는 분께는
성안당 쇼핑몰의 포인트(3,000포인트)를 적립해 드립니다.
잘못 만들어진 책이나 부록 등이 파손된 경우에는 교환해 드립니다.

그러니까,
존중
성교육

김혜경 지음

BM 성안북스

"내 아이와 또래 아이들의 솔직한 성 인식에 대해 알 수 있어 정말 좋았습니다. 가정에서 아이들을 어떻게 지도해야 하는지 구체적인 방법을 가르쳐 주셔서 감사했습니다. 하루 종일 들어도 모자랄 교육 내용…. 짧기만 한 강의 시간이 원망스러울 뿐입니다."

"미디어의 폭력적이고 가학적인 영상들이 우리 주위에 이렇게 무방비 상태로 널려 있다는 것에 다소 충격을 받았습니다. 아이를 어떤 대화법으로 이끌어야 할지 선생님의 강의를 통해 감이 왔습니다."

"평소 자연스럽게 받아들였던 미디어들에 아이가 너무 쉽게 노출될 수 있는 환경인 것 같습니다. 내가 먼저 비판하고 거를 수 있도록 해야겠습니다. 아이와 함께 미디어를 구별하는 방법에 대해 의논하는 게 필요할 것 같습니다."

"어른들이 생각하는 것보다 아이들은 훨씬 더 많이 성에 대해 알고 싶어 하고, 혼란스러워 한다는 사실을 알게 되었습니다. 무심코 지나쳤던 텔레비전 시청 시간에도 아이와 함께 많은 대화를 가져야겠다는 생각이 듭니다."

"어른들의 눈높이에서 이야기하지 말고 아이들에게 눈높이를 맞춰서 설명해야 하며, 단어 선택 하나도 고민해야 한다는 걸 알게 되었습니다. 야동에 대해 어떻게 설명해야 하나 막막했는데, 조금이나마 말할 수 있는 용기가 생겼습니다."

"나 또한 성에 대해 제대로 알지 못하는 게 아닐까 뒤돌아보게 되었으며, 내 자녀들에게 어떤 부모가 되어야 할지도 생각하게 되었습니다. 모든 학교에서 성교육을 실시하면 정말 좋겠다고 생각했습니다."

"4학년 아들이 생식기를 만지는 것을 보고 '혼자서 깨끗이 즐기며 하는 것'이라고 말해 주었습니다. 꽤 깨어 있는 엄마라 생각했는데, 오늘 강의를 들으니 아직도 모르는 것이 많다고 느꼈습니다. 아들에게 궁금한 게 생겼을 때 여성의 몸에 대해서도 설명해 주고, 성을 소중히 여기며 가꾸어 가도록 일러주어야겠다는 생각이 들었습니다."

"학생들에게 꼭 필요한 교육이라 생각되고, 전국 학교에서 성교육이 실시될 수 있도록 행동을 취해야 할 것 같습니다."

"성교육은 재미있어야 한다는 의무감이 들었었는데, 존중 속에서 진지하게 가치관을 형성해 가는 수업이 훨씬 더 의미 있다는 생각을 했습니다. 수업에 대한 두려움을 기대감으로 변화시킨 기회가 되었습니다. 교사가 학생들을 존중하는 마음으로 수업에 임한다면 전체적으로 진지하면서도 따뜻한 분위기를 이어 나갈 수 있음을 느꼈습니다."

"성교육 도서 활용 수업과 명화 활용 수업이 기억에 많이 남습니다. 학생들이 생각할 수 있는 시간을 줌으로써 스스로 느끼고 깨닫게 할 수 있을 것 같아요. 뜬구름 잡던 성교육이 확실한 방향과 방법을 찾게 된 것 같습니다."

"음란물 관련 수업을 하면서 어떻게 접근하면서 수업을 디자인해야 할지 전혀 감이 잡히지 않았는데, '음란물에 있는 것과 없는 것'을 정리하면서 사실 그대로 객관적으로 풀어 나가는 방법이 명쾌하고 좋았습니다. 보건 교사로서 성교육을 한다는 것이 부담이 되었지만 하나씩 기초부터 시작해서 전체적인 틀을 어떻게 잡아야 하는지 알려 주셔서 좋았습니다."

"성교육이 학생들에게 얼마나 필요한지 잘 알게 되었습니다. 제 자신도 태어나서 이렇게 제대로 성교육을 받은 건 처음이었습니다. 그리고, 마침내 국어 교사인 제가 용기를 내어 성교육 수업까지 하게 만들어 주셨습니다."

"직접적으로 저한테 하는 욕이 아니더라도 우리 반 학생들끼리 주고받는 욕을 들을 때마다 언어폭력을 당하는 기분이었는데, 우리 반 수업 때 선생님께 배운 수업 내용을 간략히 이야기해 주니까 그 뒤로 욕이 줄어들었습니다. 아이들이 서로 욕을 쓰지 않으려고 노력하는 모습을 봤습니다. 많은 도움이 되었습니다."

"선생님의 강의를 들으면서 가슴으로 울었던 것 같습니다. 가슴이 벅차오르더군요. 제가 원한 수업이 선생님께서 하신 수업이어서 그랬던 것 같습니다. 저는 3년 정도 남자 학교에서 성교육을 할 때마다 심한 좌절감을 느꼈었습니다. 선생님처럼 아이들이 스스로 생각하고 깨닫는 수업을 하고 싶은데, 아무것도 남지 않는 수업을 한 건 아닐까, 오히려 내가 아이들의 쾌락만 만족시킨 것은 아닐까 하는 생각에 괴롭기도 했습니다. 선생님께서 추천하신 책과 연수도 열심히 들어 보려고 합니다. 제가 좌절하기에는 아직 노력을 덜 했다는 생각이 들었습니다. 선생님의 더 많은 노하우가 듣고 싶습니다."

"성을 생물학적으로만 생각해서 아이들에게 어떤 부분을 어떤 방식으로 교육해야 할지 답답했습니다. 이 연수를 통해 강사님의 성 가치관 교육이 정말로 학교 현장에서 필요한 성교육임을 깨달았고, 교육자로서의 성 가치관도 되돌아볼 수 있는 좋은 기회가 되었습니다. 특히 이론적인 부분만 다룬 것이 아니라 실질적으로 교실에서 바로 적용할 수 있는 내용이라 더 도움이 되었습니다. 신규 교사로 발령받아 당장 성교육을 해야 한다는 부담이 있었는데, 어느덧 부담감이 사라지고 자신감을 갖게 되었습니다."

"빨리 가서 아이들과 함께 수업하고 싶어요!"

요즘 아이들은 스마트폰, 유튜브, 웹툰, 웹소설, 인터넷, 팬픽 등 각종 미디어와 또래 집단 등을 통해 너무도 쉽사리 왜곡된 성을 접합니다. 이에 반해 대다수 어른들은 청소년들의 성에 대한 다양한 물음 앞에서 '문제가 많다', '걱정스럽다', '큰일이다'라고 반응하거나 막연히 성에 대한 자제력을 가르쳐야 한다고 생각할 뿐 구체적으로 이들과 어떻게 대화를 나누고 제대로 가르쳐야 할지 막막하기만 합니다. 십대 청소년을 가리켜 어떤 책에서는 '거침없는 아이들'이라고 표현하기도 하고, 일부 언론 기사 제목에는 '브레이크 없는 아이들'이라는 표현까지 등장합니다. 그러나 안타깝게도 지금 아이들이 갖고 있는 성에 대한 물음은 우리 어른들과 사회가 심어준 것입니다. 아이들이 문제가 많아서 그런 질문을 하는 게 아니라 기성세대가 아이들이 그런 느낌을 갖고 질문하도록 만든 것입니다.

따라서 아이들을 문제시 하지 않고, 현재 아이들이 성에 대해 갖고 있는 느낌을 지극히 정상적이고 자연스러운 것으로 바라봐야 합니다. 아이들 스스로 오해를 수정하면서 평화로운 분위기 속에서 배울 수 있게 해야 합니다.

'너, 어떻게 그런 생각을 할 수 있어?'

'얘, 진짜 미친 것 아냐?'

'쟤, 도대체 왜 저래?'

이런 마음을 품고 아이들을 대하면 그런 부정적인 느낌이 전달되어 아이들이 자기 속내를 드러내지 않거나 진짜 궁금한 것이 있어도 교사와 부모에게 질문을 하지 않습니다. 그러는 사이 아이들은 그야말로 걱정스러운 경로를 통해 잘못된 성을 배우게 되는 겁니다.

오늘날 우리나라의 학교 성교육 방향은 크게 두 갈래로 나뉘어져 있습니다. 하나는 '피임 성교육'입니다. 변화하는 세태에 맞춰 아이들의 성욕구와 섹스의 권리를 인정하고 낙태할 수 있는 권리까지 보장하자는 것입니다. 이에 발맞춰 중학교에서조차 피임 방법을 실습해야 하고, 무료로 콘돔을 나눠줘야 한다는 주장입니다. 주로 학교 밖 청소년들을 교육해 왔던 단체에서 이런 주장을 하고 있습니다.

다른 하나는 '책임 성교육'입니다. 100퍼센트 완벽한 피임법은 없습니다. 보건복지부와 대한의학회 발표에 따르면 콘돔의 일반 피임 실패율은 18퍼센트, 먹는 피임약의 일반 피임 실패율은 9퍼센트에 이릅니다. 따라서 만약 임신했을 경우 부모처럼 책임을 지겠다고 결심한 후에만 성관계를 하도록 가르쳐야 한다는 것이죠.

저는 피임 성교육과 책임 성교육이 모두 중요하다고 생각합니다. 다만 시기에 차이가 있을 뿐입니다. 성년이 되기 직전인 고등학생에게는 책임을 전제로 하는 피임 교육이 체계적으로 충분히 이루어져야 한다고 생각합니다. 하지만 초등학생과 중학생에게는 그보다 먼저 '존중 성교육'이 필요합니다. 책임을 강조하고 피임을 가르치기에 앞서 자신과 타인의 성을 존중할 수 있게 가르쳐야 한다는 뜻입니다. 인문학적 성 가치관 교육이라고 할 수 있습니다.

자신의 성이 얼마나 소중한지, 앞으로 누리게 될 성이 얼마나 아름답고 귀한 것인지 스스로 깨닫게 하는 교육이 우선되어야 합니다. 자신이 소중한 줄 아는 아이는 다른 사람도 소중히 여기게 됩니다. 나, 나의 몸, 나의 성이 소중한 줄 아는 아이는 다른 사람의 성을 함부로 침범하지 않습니다. 어려서부터 자기 안에서 일어나는 성에 대한 자연스러운 의문으로 인해 비난받지 않고 존중받으면서 배운 아이는 다른 사람의 성도 존중하면서 자라게 됩니다.

저는 지난 20년 간 교단에서 학생들에게 성을 가르치면서 그것을 확실하게 깨달았습니다. 수업이라는 안전하면서도 공적인 공간 속에서 아이들이 성에 대해 어떤 느낌을 갖고 있는지 자유롭고 편안하게 표현할 수 있도록 도왔고, 수업 준비를 할 때 학생을 존중하기 위한 방법을 찾는 데 집중했습니다. 아이들은 성교육 수업 시간에 진행되는 참여 수업 활동을 통해 친구들이 어떤 생각을 하고 있는지를 들으며 깊이 숙고할 기회를 갖게 되었습니다. 그리고 자신의 오류를 수정하고 새롭게 배운 것을 자기 안에서 깨우치면서 스스로 바른 성가치를 내면화했습니다. 진정한 배움이 일어난 것이죠. 저는 성에 대한 배움이 잘 일어나도록 교사로서 도울 수 있는 방법을 찾아내게 되었으며 이렇게 축적된 소중한 경험을 나누고자 책을 쓰게 되었습니다.

이 배움은 아주 미묘하고 고요하며 조심스러운 순간의 연속입니다. 각 주제마다 교사와 부모들이 당면한 현실 상황에 어떻게 접근해야 하는지, 그리고 구체적인 질문과 예상되는 아이들의 답변에 어떻게 대처해야 하는지 실질적인 지도 방법을 제시하고자 합니다. 당연하게도 이 상황은 머물러 있지 않고 계속 변화하며, 대상과 수업 진행자에 따라 달라질 것이기 때문에 저의 지도 방법 공개 이후 다른 분들의 지도 경험이 벌써부터 궁금해집니다.

이것은 학교 밖 청소년들의 이야기가 아닙니다. 학교 안에서 성장하고 있는 지극히 평범한 우리 아이들의 이야기입니다. 따라서 자극적이지도 않고 솔깃하지 않을 수도 있습니다. 그렇지만 현재 우리 아이들 사이에서 일어나고 있는 성에 관한 가장 현실적인 이야기입니다.

이 책은 수많은 경로를 통해 왜곡된 성지식을 무분별하게 받아들일 수 있는 아이들에게 과학적이고 윤리적인 성가치를 제대로 심어주고자 하는 교사와 부모를 위한 책입니다. 무엇보다 교사들이 교실에서 학생들을 상대로 의미 있고 효과적인 성교육 수업을 진행할 수 있게끔 사례 중심으로 실질적인 교수법을 제시하려고 합니다. 시·도에 따라 배치 비율은 다르지만 상당수의 초·중·고등학교에 보건 교사가 근무하고 있고, 초·중등교육법상 보건 수업이 의무화 되어 있음에도 불구하고 많은 학교 시간표에는 보건 수업이 없습니다. 그러다 보니 수업 경험이 부족한 교사들은 그렇지 않아도 어려운 주제인 성교육을 부담스러워하고 있는 게 엄연한 현실입니다. 따라서 이 책은 일선 교사들이 자신감을 가지고 아이들을 가르치고 지도하며 상담할 수 있도록 돕는 역할을 하고자 합니다.

저는 매 장마다 교사들이 교실에서 수업할 때 어떤 방향성을 가지고 있어야 하는지를 제시하고 있습니다. 교사의 질문에 따라 아이들의 배움이 촉진되고 확장됩니다. 그러므로 각 주제마다 성취 수준에 맞는 핵심 질문을 미리 준비해야 합니다. 매 수업마다 아이들을 구체적으로 어떻게 존중해야 하는지도 이야기하고 있습니다.

대부분의 부모는 정치적 성향과 무관하게 아이의 성에 대해서만은 보수적입니다. 내 아이만큼은 진정으로 사랑하는 사람을 만나기 전까지 성관계를 미루길 바라고 있죠. 그러면서도 정작 아이가 궁금해 하는 질문에 답하기 어려워 입을 다물거나, 무슨 말을 해도 아이가 받아들일 것 같지 않아 말을 꺼내지 않거나, 요즘 아이들은 다 그러니 세태에 맞춰 살게 해야 한다면서 일찌감치 포기하기도 합니다.

어쩌면 몇 장 넘기기도 전에 "너무 보수적이네!", "너무 자세한 걸!", "요즘 아이들이 이런 이야기를 듣고 있겠어?" 하면서 이 책을 던져 버릴지도 모릅니다. 그러나 조금만 참고 진지하게 읽다 보면 "아, 맞아. 이렇게 하면 되겠구나. 그런데 이 방법이 우리 아이에게도 효과가 있을까?" 하고 생각할 겁니다.

내 생각과 조금 다르더라도 내 아이에게 꼭 필요하다고 판단되면 그 개념이 내 안에 자리 잡도록 하는 것이 좋습니다. "내 아이는 내가 무슨 말을 해도 듣지 않을 거야!"라는 부정적인 태도는 아무것도 가져다 주지 않습니다. 진심을 가지고 인내하며 노력한다면 분명 내 아이도 변화될 수 있습니다. 이것은 결국 아이들이 책임감을 가지고 성적으로 행복한 삶을 살 수 있게 도와주는 것이기 때문입니다. 무엇이 내 아이에게 가장 필요하고 좋은 것인지 스스로 발견해 내는 부모야 말로 가장 훌륭한 성교육 선생님이 될 수 있습니다.

학교에서는 교사가, 가정에서는 부모가, 사회에서는 모든 어른들이 아이들의 성교육을 제대로 책임진다면 우리 아이들은 안전하고 평화로운 환경 속에서 바른 성 가치관을 가진 어른으로 성장할 수 있게 될 것입니다. 이것은 결코 꿈이 아닙니다. 얼마든지 가능한 우리 모두의 현실입니다. 긍정적인 생각과 자신감을 가지고 진지하게 가르침에 임하는 것이 중요합니다.

"빨리 가서 아이들과 함께 수업하고 싶어요!"

몇 년 전 어떤 모임에서 교사들을 대상으로 하루 종일 특강을 한 적이 있었는데 강의가 끝난 뒤 소감을 물었더니 한 선생님이 이렇게 말했습니다. 그 말을 듣는 순간 저는 눈물이 핑 돌았습니다. 교사가 아니면 공감하기 어려운 가르칠 때만 느낄 수 있는 이런 알 수 없는 희열이 있습니다. 교사들은 그 희열과 보람 때문에 곧 쓰러질 것 같은 육체적 피로도, 머리끝까지 차오르는 정신적 고뇌도 모두 감당하며 오늘도 아이들 앞에 섭니다. 제 꿈은 이 땅의 많은 교사들이 그 선생님처럼 고백하는 날이 오는 것입니다. 이 땅의 많은 부모님들이 그 선생님처럼 고백하는 날이 오기를 바랍니다.

"빨리 학교에 가서 아이들과 함께 수업하고 싶어요!"

"빨리 집에 가서 내 아이와 함께 이야기를 나누고 싶어요!"

저자 김혜경

◆ 차례

성교육 수업 첫 시간은 내가 나한테 마음을 여는 시간이에요.

나의 속마음을 외면하거나 억누르지 말고,

내가 나의 성을 어떻게 느끼고 있나 한 번 들여다 보세요.

성이라는 말을 들으면 무슨 생각이 드나요? 뭐가 떠오르나요?

그리고 나는 왜 그렇게 느낄까를 스스로에게 물어보세요.

한걸음 더 내 안으로 들어가 보세요.

먼저 나 자신의
성 개념을
들여다 보아요

Q 01

나에게 성은
어떤 의미인가요?

성이란 무엇일까?

아이들은 성교육 시간을 기다립니다. 기대하며 기다립니다. 성교육을 기다리는 아이들에게 왜 성교육을 기대하고 있는지 물어보았습니다. 아직 첫 수업을 시작하기 전에는 눈을 마주치기 쑥스러워하고 마치 숨겨야 할 무엇을 들킨 것처럼 얼굴을 붉히곤 합니다. 이 부끄러움을 어느 정도 제거해야만 수업에서 마음을 열어줄 거예요. 그래서 준비한 첫 시간입니다.

교사 : "'성'을 영어로 바꾸어 보라고 하면 대부분의 사람들은 어떻게 바꾸죠?"
(여기저기서 킥킥 거리며 웃는 소리가 들리지만 학생들이 대답할 때까지 차분하게 기다립니다.)

성에 대해 대화할 때 답하고 싶지만 바로 답하지 못하는 경우가 많습니다. '다른 친구에게 자신이 어떻게 보일까?'를 신경 쓰기 때문입니다. 학생과 소통하는 수업이 되기 위해 교사는 안전한 성 수업 시간이 되도록 예민하고 세심하게 신경을 기울여야 합니다. "너는 어떻게 생각하니?" 보다는 "대부분의 사람들은?"이라고 물어보는 것이죠.

학생 : "섹스요!"

교사 : "그렇죠. 잘 대답했어요. 그렇다면 섹스를 우리말로 한 번 옮겨 볼까요?"

학생 : "성관계요!"

교사 : "그래요. 그렇다면 '성 = 성관계'일까요? 여러분이 생각하기에 성은 성관계인가요?"

학생 : "아닌 것 같아요…."

성에는 몸, 성별, 관계 이 모든 것이 포함되고, 영어로는 섹슈얼리티 (Sexuality)라고 합니다. 사회적 합의가 이루어진 나라에서는 성에 대한 영문 표현으로 '섹스(Sex)' 대신 '젠더(Gender)'라는 용어를 사용하기도 해요. 우리말로는 모두 '성(性)'으로 해석되지만 영어로는 미묘한 차이가 있습니다. 젠더는 사회문화적인 성(내가 나의 성을 어떻게 느끼는지를 포함)을 의미하기 때문이죠. 이 책에서는 성관계를 의미하는 단어로 주로 사용되는 섹스와 구별하기 위해 성에 대한 영어 표현을 섹슈얼리티로 사용하겠습니다. 우리 삶의 많은 부분이 '관계' 부분이고, 우리에게 행복한 기분을 갖게 해주는 것도 몸보다는 관계일 거예요. 그러니까 성은 행복한 것이고 소중한 것입니다. 부끄러워할 이유가 없어요.

교사 : "이 시간은 성교육 수업 첫 시간이고, 마음 열기 시간입니다. 누가 누구에게 마음을 여는 시간일까요?"

학생 : (도움 필요) "선생님에게요."

교사 : "우리 오늘 처음 만났는데, 그건 강요일 수도 있으니까 선생님에게는 스스로 마음을 열고 싶을 때 천천히 열어도 됩니다. 그러면, 누구한테 마음을 여는 시간일까요?"

학생 : "나한테요."

교사 : "그래요. 내가 나한테 마음을 여는 시간이에요. 나의 속마음을 외면하거나 억누르지 말고, 내가 나의 성을 어떻게 느끼고 있나 한 번 들여다 보세요. 성이라는 말을 들으면 무슨 생각이 나나요? 뭐가 떠오르나

요? 그리고 나는 왜 그렇게 느낄까를 스스로에게 물어보세요. 한걸음 더 내 안으로 들어가 보세요. 여러분을 도와주기 위해서 선생님이 명화, 그림책을 준비했어요. 내 생각을 잘 설명해 주는 그림을 각자 자유롭게 찾아보세요. 화가의 원래 의도와 상관없이 내가 그림을 봤을 때 연상되는 느낌대로 해석하면 됩니다. 그리고 떠오르는 생각을 글로 써 보세요."

'성=성관계'가 아니라 '성=관계를 포함한 포괄적인 의미'이며, 우리 모두는 성적인 존재라는 설명까지 하고 나면 교실에서는 어색한 웃음소리가 들리지 않고, 아이들이 꽤 진지해집니다.

명화를 이용한 성 개념 표현하기

모둠 책상 위에 『서양 미술사』, 『한국 미술사』, 『세계 미술관 기행』, 『그림 읽기』, 『옛 그림 읽기』, 『현대 미술의 이해』 등 큰 그림이 많이 등장하는 책들을 충분히 준비해 둡니다. 학생을 존중하는 교사의 마음을 담아 여러 종류의 책들을 정성껏 준비하면 좋습니다. 수업이 시작되기 전 책상 위에 장르별로 책을 여유 있게 골라 놓고, 색연필, 가위, 활동지, 풀 등을 미리 가지런히 올려놓으면 어수선하지 않게 수업을 진행할 수 있습니다. 진행 순서는 다음과 같습니다.

1. 내 생각을 잘 나타내는 그림 찾아서 복사하기

2. 강조하고 싶은 부분에 색칠하기

3. 왼쪽 면에 맞춰 잘라 붙이기

4. 내 생각을 정리하여 글쓰기

	'성'이라는 말을 들으면 나는 _____이(가) 생각난다. 왜냐하면,
	원 그림의 작가 : 제목 :

천천히 그림책을 넘기면서 '나는 뭐가 생각나지?', '왜 이런 생각이 나는 걸까?' 하고 생각에 빠진 아이들의 모습이 꽤 진지합니다. 선택한 그림이 있는 책을 가슴에 꼭 안은 채 복사기 앞에 줄서서 순서를 기다리며 말없이 생각에 잠겨 있는 아이들의 모습이 사랑스럽습니다. 처음으로 자신의 성을 대면하는 순간입니다.

간혹, 표현하기 힘들어 하는 아이가 있습니다. 조금 무표정하게 그림을 주의 깊게 보지 않고 대강 휙휙 넘기는 아이들을 유심히 봐 주세요. "선생님이 도와줄까?"하고 물어보면 대부분 도와달라고 합니다. 그러면 가까이에서 아이만 들을 수 있게 작은 목소리로 그림을 찾기 전에 자기 생각부터 정리하게 도와줍니다. 성을 떠올리면 긍정적인 생각이 먼저 떠오르는지 아니면 부정적인 생각이 먼저 떠오르는지부터 물어봐 주세요. 만약 부정적인 생각이 떠오른다고 하면 그것이 어떤 부분인지, 외부의 자극이나 미디어 부분인지, 아니면 사회 분위기인지, 혹은 내 가까운 사람들 때문인지 물어보면 대부분 이쯤에서 "아, 할 수 있을 것 같아요."라는 대답이 돌아옵니다.

활동하는 방법을 예를 들어 설명할 때 다른 학생의 활동지를 이용하여 성교육의 목표를 제시하는 것도 좋습니다. 때로 교사의 수업 준비에 대해 전혀 감을 잡지 못한 아이의 경우 교사가 예고 없이 갑자기 19금 영상이라도 보여줄까 봐 긴장하고 있는 아이도 있답니다.

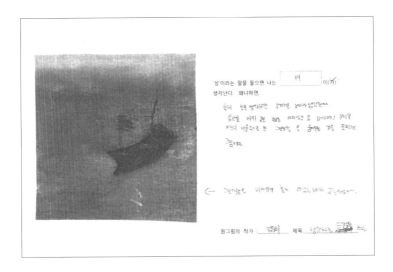

성이라는 말을 들으면 나는 '배'가 생각난다. 왜냐하면 흔히 성을 생각하면 부끄러운 것이라 생각한다. 음란물, 자위 같은 행동, 야한 생각 등 성에 대한 문제를 자신의 마음속에만 꼭꼭 숨겨둔 것을 표현한 그림이다. 그런 마음들을 바다 위에 홀로 떠 있는 배로 표현했다.

한국을 넘어 세계에서 인정받고 있는 판화 작가 강승희의 「새벽 한강 2029」라는 작품입니다. 30년 넘게 변함없이 추구해 온 그의 미술 세계를 관통하는 주제는 '새벽'입니다. 고요함 속에 생명의 기운이 움트는 장엄한 시간이 바로 새벽이죠. 강 한가운데 외로이 떠 있는 빈 배가 보입니다. 을씨 년스러운 서정적인 분위기입니다. 이 작품을 보고 중학교 1학년 학생이 '성이라는 말을 들으면 나는 배가 생각난다.'고 대답했습니다. 자기 마음속 깊은 곳에 꼭꼭 숨겨둔 성에 대한 생각들을 물 위에 홀로 떠 있는 배와 같다고 생각한 겁니다. 많은 것을 곱씹게 만드는 의미심장한 이야기입니다.

"이 작품 속 배경은 깃발의 펄럭임을 보니 폭풍우 치는 검은 밤바다로 봐도 무방합니다. 이처럼 위험한 바다 한가운데서 흔들리고 있는 배를 안전한 육지로 이끌어 낼 수 있는 것은 무엇일까요? 네, 등대겠죠? 선생님의 성교육 수업은 여러분들이 어둡고 위험한 성의 바다에서 벗어날 수 있도록 안전한 곳이 어딘지 알려 주는 등대 같은 역할을 하려고 해요. 선생님이 알려주는 이곳으로 오면 평생 아름답고 행복한 성을 안전하게 누릴 수 있어요. 그러나 저는 여러분을 강제로 끌고 나올 수가 없어요. 여러분이 등대를 바라보고 자신의 힘으로 힘껏 노를 저어 거친 파도를 헤치고 나와야만 하는 거예요. 아시겠죠?"

사실 아이들이 가장 힘들어 하는 부분은 음란물(야한 동영상 등, 이하 야동으로 통칭합니다.)에 대한 부분이고, 따라서 야동에 대한 이야기를 듣고 싶어 합니다. 그래서 교사가 먼저 야동 문제를 꺼내 주는 것이 아이들의 마음을 여는 데 도움이 됩니다. 이럴 때 다른 친구의 활동지를 이용해 슬쩍 꺼내는 것이 자연스럽습니다.

◆ **활동 결과물(2) - 성이라는 말을 들으면 나는 '선택'이 생각난다**

성이라는 말을 들으면 나는 '선택'이 생각난다. 왜냐하면 어떻게 할지 자신이 선택할 수 있기 때문이다. 이 사람은 다른 선택을 할 수도 있었지만 죽임으로써 돌아갈 수 없게 되었다.

19세기 프랑스 화가 앙리 르노의 「즉결 처분」이라는 제목의 그림입니다. 사법 절차를 거치지 않고 신속하게 제재를 가하는 것을 '즉결 처분'이라고 하는데, 주로 재판 없이 사람을 죽이는 경우를 말하므로 '즉결 처분'이라고도 합니다. 현대의 사법 체제에서는 당연히 있을 수 없는 범죄 행위죠. 무심한 듯 남자의 시선이 아래로 향하고 있습니다. 하지만 그의 오른손에 쥐어진 긴 칼에서는 피가 뚝뚝 떨어집니다. 바닥에는 목이 잘린 한 사람의 처참한 주검이 나뒹굴고 있습니다. 배경은 그라나다 왕국의 알람브라 궁전입니다.

이 학생은 주인공인 자신을 붉은색으로 칠했고, 아래의 주검은 검은색으로 가려 버렸습니다. 아마도 한 사람을 살릴 수도 있고, 죽일 수도 있는 위치에 있는 왕이 즉결 처분을 통해 잔인하게 목숨을 빼앗음으로써 돌이킬 수 없는 나쁜 선택을 했다고 생각한 것 같습니다. 결국 한 사람의 인생도 성에 대한 잘못된 선택으로 나락으로 떨어질 수도 있고, 올바른 선택으로 행복하고 풍요로운 삶을 살 수도 있다고 파악한 것이죠. 깊은 사색 끝에 나온 철학적 설명이라고 생각합니다.

이 활동지를 화면에 띄워 함께 읽은 다음 이야기를 나누어 봅니다.

교사 : "성도 이와 같이 돌아갈 수 없는 부분이 분명히 있습니다. (아이들을 마주보며) 여러분, 야동을 보기 전으로 돌아갈 수 있어요?"

학생 : (대답)

교사 : "첫 번째 자위, 첫 번째 사정 이전으로 돌아갈 수 있어요?"

학생 : "아니오. 못 돌아가요."(자기도 모르게 고개를 절레절레 흔드는 아이도 있습니다.)

교사 : "이것이 성의 특징입니다. 경험해 버리면 경험하기 전으로 돌아갈 수 없게 됩니다."

이렇게 야동까지 언급해 주면 나머지는 아이들이 모두 풀어냅니다. 야동으로 인한 고통, 절망감, 외로움들을 많이 표현합니다.

◆ 활동 결과물(3) - 성이라는 말을 들으면 나는 '내 자신'이 생각난다

성이라는 말을 들으면 나는 '내 자신'이 생각난다. 내 머릿속에 이상한 생각이나 해서는 안 될 생각을 많이 해서 내 자신을 돌아봐야겠다고 생각했다.

16세기 이탈리아 르네상스 시대를 대표하는 화가 베첼리오 티치아노의 「젊은 남자의 초상」입니다. 아름다운 물의 도시 베네치아에서 활동했던 그는 서양 미술사에서 '회화의 군주'로 불릴 정도로 많은 영향을 끼친 인물입니다. 오뚝한 코에 맑은 눈망울을 가진 젊은 남자가 어딘가를 뚫어져라 바라보고 있습니다. 왼손은 호주머니에 들어가 있고, 오른손에는 편지 같은 게 쥐어져 있습니다. 표정이 결연한 것으로 보아 뭔가 사연이 있는 것 같기도 합니다.

이 그림을 고른 학생은 '성이라는 말을 들으면 나는 내 자신이 생각난다.' 고 했습니다. 그림 속 젊은 남자를 자신이라고 생각한 것까지는 이해가 되는데, 성이라는 말을 들으면 왜 내 자신이 먼저 생각났을까요? '내 머릿속에 이상한 생각이나 해서는 안 될 생각을 많이 해서 내 자신을 돌아봐야겠다고 생각했다.'는 것이 이 학생의 설명입니다. 그림을 보며 자신을 잠잠히 들여다 보았더니 그 안에 이상한 생각이나 해서는 안 될 생각이 있었다는 것이죠. 자신과의 대화를 통해 이 학생은 그걸 발견했으니, 건강하고 바람직한 방향으로 나아가게 될 겁니다. 자기 자신을 아끼고 사랑하는 마음이었을 테니까요.

자신의 성을 들여다 볼 수 있게 질문을 던진 것만으로도 의미 있는 성찰이 일어납니다. 이렇게 스스로에게 마음을 열면 이어지는 성 수업에서도 잘 배울 수 있게 됩니다.

이 활동지 결과물은 수업에 어떻게 활용하는 게 좋을까요? 아이들은 교사가 결론만 설명하면 잔소리로 여기거나 귀담아 듣지 않을 때가 많지만 또래 친구가 하는 말은 잘 듣는 경향이 있습니다. 아이들이 작성한 활동지 중에 각 수업 주제와 관련된 교육적이고 의미 있는 활동지를 스캔해서 파워포인트로 만들어 도입 단계에서 들어가기로 사용합니다. 친구가 가진 성 개념, 친구가 표현한 성에 대한 느낌은 아이들의 머리와 가슴에 그대로 콕 박힙니다.

◆ 활동 결과물(4) - 성이라는 말을 들으면 나는 '주사위'가 생각난다

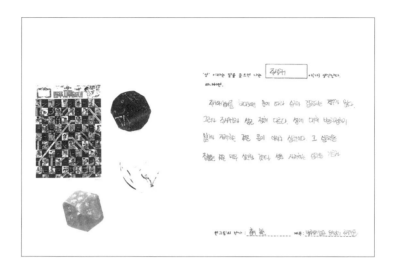

성이라는 말을 들으면 나는 '주사위'가 생각난다. 왜냐하면 주사위 놀이를 하다 보면 운에 따라 승자가 결정되는 경우가 많다. 그러나 주사위와 성은 전혀 다르다. 성에 대해 빨리 접하지 않거나 자제하는 것은 운이 아니라 실력이다. 그 실력을 짓밟는 것은 매우 심각한 것이다. 성을 자제하는 실력을 기르자.

어느 화가의 작품이 아니라 뱀주사위 놀이, 혹은 뱀사다리 게임이라고 불리는 보드 게임의 말판입니다. 주사위를 굴려 나온 눈의 숫자만큼 말을 전진시켜 100번째 칸에 먼저 도달하면 승리하는 놀이죠. 도중에 사다리가 그려진 칸에 걸리면 사다리를 타고 위쪽으로 한 번에 올라가고, 뱀이나 미끄럼틀이 있는 칸에 걸리면 아래로 떨어져 내리는 방식입니다. 이 놀이는 아주 오랜 역사를 가지고 있습니다. 선사시대인 고대 인도에서부터 이 놀이를 즐겼던 흔적이 발견됐다고 합니다.

성과 주사위가 대체 무슨 관련이 있는 걸까요? 이에 대한 설명이 의미심장합니다.

> "왜냐하면 주사위 놀이를 하다 보면 운에 따라 승자가 결정되는 경우가 많다. 그러나 주사위와 성은 전혀 다르다. 성에 대해 빨리 접하지 않거나 자제하는 것은 운이 아니라 실력이다. 그 실력을 짓밟는 것은 매우 심각한 것이다. 성을 자제하는 실력을 기르자."

참 멋지지 않습니까? 인생의 승패를 가르는 것은 운이 아니라 실력이며, 성을 탐닉하지 않고 자제하는 것도 실력이라는 것입니다. "그러니 친구들아, 성을 빨리 접하려 애쓰지 말고 이를 자제할 줄 아는 실력을 같이 기르자."라고 간곡하게 부탁합니다.

교실이나 스마트폰 단체 대화방에서 아이들은 예고 없이 야동을 건네받는 경우가 종종 있다고 합니다. 자신은 최선을 다해서 자제하고 있는데, 친구가 느닷없이 이런 것을 내밀 때 달리 거절할 말을 찾지 못해 엉겁결에 받아들거나 파일을 여는 일이 생길 수 있습니다. 그렇게 되면 내가 힘들어지니까 나를 방해하지 말고, 성을 자제하는 실력을 함께 기르자며 친구에게 요청하는 글입니다. 실제로 이 요청은 상당히 효과가 있었습니다.

◆ **활동 결과물(5) - 성이라는 말을 들으면 나는 '절망'이 생각난다**

성이라는 말을 들으면 나는 절망이 생각난다. 야동 같은 것들을 보고 나
면 사람들이 절망을 느끼고, 그 절망에 빠져서 쉽게 야동 보는 것을 그
만두지 않기 때문이다.

유럽 미술의 흐름을 중세에서 르네상스로 바꿔 놓은 주인공인 14세기 이
탈리아 화가 조토 디 본도네의 「그리스도의 죽음을 슬퍼함」이라는 작품입
니다. 베네치아 서쪽에 위치한 중세의 도시 파도바에는 자그마한 스크로베
니 예배당이 있습니다. 그 안쪽 벽에는 회화 그 자체와 동일시되는 그의 프
레스코화가 가득한데, 이 그림 역시 그중 하나입니다. 하늘에는 천사들이
슬픔어린 날갯짓을 하고 있고, 땅에는 어머니 마리아가 주검으로 변한 아들

예수를 감싸 안고 오열하고 있으며, 그 주변으로 비탄에 빠진 제자들과 여인들이 둘러서 있습니다. 하늘에도 땅에도 사람에게도 희망이라곤 보이지 않는 극단의 순간입니다. 성 수업 첫 시간에 참여한 한 학생은 이 그림을 골랐고 "성이라는 말을 들으면 나는 절망이 생각난다."고 적었습니다. 왜냐하면 "야동 같은 것들을 보고 나면 사람들이 절망을 느끼고, 그 절망에 빠져서 쉽게 야동 보는 것을 그만두지 않기 때문이다."라고 했습니다. 아이가 본 야동이 언뜻 새로운 흥밋거리 같지만 보다 보면 절망을 느낄 수밖에 없었다는 뜻입니다. 순간의 유혹을 이기지 못하고 왜곡된 성을 탐닉하다 보면 남는 것은 자기 자신에 대한 절망뿐이라는 거죠.

　이 학생은 이 같은 상황을 예수 그리스도의 죽음만큼이나 절망스럽다고 표현했습니다. 절망은 또 다른 절망을 낳고, 절망의 끝에는 결국 파멸밖에 없습니다. '절망스러우면 안 보면 되지!'라고 생각할 수도 있습니다. 그러나 한창 감수성이 예민한 십대 청소년이 자기 자신의 의지만으로 유혹을 이기고 행동을 멈추기에는 야동이 너무나 자극적입니다. 야동에 대해서는 3장에서 더 자세히 다루겠습니다.

★ 존중 포인트
성에 대해 이야기하려고 하면 대다수 학생들이 부끄러워하면서 머뭇거립니다. 바로 이것이 배움을 방해하는 가장 큰 장애물입니다. 저는 어떻게 하면 학생들이 성을 자연스럽고 편안하게 드러내도록 할 것인가를 고민하다 이 수업을 디자인했습니다. 배움이 일어나기 위해서는 학생들 스스로 마음을 열어야 합니다. 수업 시간에 성에 대해 자연스럽게 떠오른 것을 수치심 없이 드러낼 수 있어야 합니다. 따라서 첫 번째 질문이 "성을 영어로 바꿔 보세요."가 아니라 "대부분의 사람들은 성을 영어로 어떻게 바꾸죠?"가 되는 것입니다. 또한 명화 속에 내 생각을 비치게 함으로써 부담을 덜어주고, 명화의 힘으로 철학적 사고까지 이어질 수 있게 했습니다. 부모로서 자녀들과 함께 성에 대해 이야기를 나눌 때도 마찬가지입니다. 아이들이 수치심을 갖지 않고 엄마 아빠와 자연스럽게 대화가 이어질 수 있도록 '너'에 집중하지 말고, '친구들' 혹은 '요즘 아이들'로 풀어 나가는 것이 좋은 시작일 수 있습니다.

Q 02 부모와 자녀, 성에 대해 언제부터 이야기하는 것이 좋을까요?

앞에서 살펴본 것처럼 성은 성관계뿐 아니라 관계 등을 모두 포괄하고 있는 개념입니다. 그렇기 때문에 성에 대한 이야기는 어느 한 시점에 "자, 우리 지금부터 성에 대해 말해 보도록 합시다."하고 시작하는 게 아니라 인생 전반에 걸쳐 계속해서 이루어져야 할 대화이며 주제입니다. 어느 날 문득 아이가 질문해 올 때 대답할 수도 있고, 아이가 의문을 가지도록 먼저 유도할 수도 있으며, 부모로서 알려주고 싶은 것을 작정하고 가르쳐 줄 수도 있습니다. 다만 아이의 수준과 상황에 맞게 단계별로 적절히 대화를 주도해 나가야 합니다.

아이들은 주로 또래 집단, 인터넷, 방송 매체 등을 통해 성에 대한 정보를 접하게 되는데, 왜곡되거나 걱정되는 정보가 아주 많이 섞여 있습니다. 아이들이 이런 자극적인 정보를 접하기 전에 적절한 시기에 올바른 정보를 먼저 제공해야 합니다.

초두 효과(Primacy Effect)란?

처음에 뇌에 입력된 정보가 나중에 입력된 정보보다 기억에 잘 남는다는 뜻입니다. 사람이 실생활에서 자주 접하는 심리 현상 가운데 하나로 인간 관계에 큰 영향을 끼칩니다. 한 사람의 인상을 평가하는 데 있어 첫인상이 중요하다는 의미에서 '첫인상 효과'라고도 하고, 3초 만에 상대방에 대한 이미지가 결정된다고 해서 '3초 법칙'이라고도 하며, 처음 입력된 인상이 다른 정보에 흔들리지 않고 단단하게 굳어 버린다는 뜻으로 '콘크리트 법칙'이라고도 부릅니다.

미국의 뇌 과학자 폴 왈렌의 연구에 따르면, 인간은 뇌의 편도체를 통해 0.1초도 안 되는 짧은 순간에 상대방에 대한 호감도와 신뢰도를 평가한다고 합니다. 이 같은 현상이 나타나는 이유는 인간의 뇌가 보고 듣는 정보를 본능적으로 일관성 있게 받아들이려 하는 까닭입니다. 처음에 입력된 정보가 긍정적인 것이면 나중에 입력된 정보도 일관성 있게 긍정적으로 받아들이고, 처음에 입력된 정보가 부정적인 것이면 나중에 입력된 정보도 부정적으로 받아들이는 것이죠. 맨 처음에 접한 정보가 강력한 판단 기준이 되는 것입니다.

이 원리에 따르면 아이가 성에 대해 자극적이고 왜곡된 정보를 접하기 전에 교사와 부모가 먼저 적절한 시기에 올바른 정보를 제공하면 이후 왜곡된 성 지식을 접했을 때 아이들은 스스로를 보호할 수 있게 됩니다. 그래서 사춘기가 본격적으로 시작되기 전, 열 살 전후에 성에 대한 이야기를 시작하는 게 가장 좋습니다. 어른들의 이야기에 거부감이나 반감이 별로 없으며, 제법 말귀를 알아듣는 나이이기 때문입니다. 빠를수록 좋으나 너무 빠르면 아이가 감당하기 어려우므로 자신의 아이가 준비가 되었는지 잘 살펴봐야 합니다. 아이가 어떻게 느끼는지 보면서 아이의 감정이 파악될 때까지 관련된 질문을 던지며 살핍니다. 조금이라도 낯설어하거나 이상하다고 느낀다면 다시 정리해 줍니다.

만약 아이가 "성관계가 뭐에요?", "성관계는 어떻게 하나요?", "왜 사람들은 성에 관심을 갖나요?", "야동은 왜 보나요?" 이런 질문을 하면 이제 성에 대해 이야기할 때입니다. 성에 대한 이야기에서 나아가 삶에서 만나는 수많은 선택의 순간에 올바르게 대처할 수 있게 도와줄 수 있어야 합니다. 이미 중학교 3학년이 되었어도 괜찮습니다. 하지 않는 것보다 훨씬 낫습니다. 아이의 상황에 맞춰 접근하면 됩니다. 중학교 3학년을 대상으로 하는 12월의 성 수업도 아주 유쾌하고 의미 있게 진행되었습니다.

아빠와 딸, 엄마와 아들은 언제부터 내외해야 할까?

성 중독 분야에서 탁월함을 인정받고 있는 미국의 상담가 해리 셈버그는 그의 저서 『거짓된 친밀감』에서 성 중독의 원인과 솔루션에 관한 다양한 사례를 소개하고 있습니다. 그는 위험한 가정의 패턴으로 두 가지를 제시했습니다. 하나는 성적인 문제에 대한 경계가 애매한 가정이고, 또 하나는 지나치게 성적인 경계가 엄격한 가정입니다.

성적인 경계가 애매한 가정은 어떤 격식과 정숙함 같은 분위기가 거의 나타나지 않습니다. 집 안에서 아이들이 보는 데도 아빠 엄마가 속옷 차림으로 돌아다닙니다. 목욕을 하거나 샤워를 하거나 심지어 화장실을 사용할 때도 수시로 아이의 사생활을 침해합니다. 부모가 아이들 앞에서 거리낌 없이 성적인 대화를 주고받으며, 아이들이 텔레비전이나 인터넷 등에서 자극적인 성인 프로그램을 보더라도 그냥 내버려둡니다.

반면 지나치게 성적인 경계가 엄격한 가정의 아이는 일체 섹스에 대한 정보를 접하지 못한 채 섹스는 악이라는 소리를 들으며 자랍니다. 따라서 이런 가정의 아이들은 자신이 성적인 생각을 하거나 성적인 욕망을 품게 될 때 스스로 악하거나 잘못되었다고 생각합니다. 그 결과 오히려 섹스에 지나치게 집착하는 경향을 보이기도 합니다. 왜냐하면 섹스가 먹고 싶지만 먹을 수 없는 금단의 열매처럼 보이는 까닭입니다.

대중목욕탕을 가보신 분들은 여탕 입구에 걸려 있는 이런 문구를 보신 적 있을 겁니다.

"남자 어린이 5세 이상은 남탕으로 가세요. 5세가 되면 알 건 다 압니다."

현행 공중위생관리법 시행규칙에 따르면 여자 목욕탕 및 탈의실에 만 5세 이상 남자 아이는 들어가지 못하도록 규정돼 있습니다. 하지만 요즘 아이들은 발육 상태가 워낙 좋은 데다 스마트폰이나 미디어의 발달로 인해 성에 대한 접근성이 쉬워지면서 순진한 얼굴의 어린아이라도 알 건 다 아는 세상이 되었습니다. 만 5세면 우리 나이로 일곱 살입니다. 어떤 엄마는 편의만 생각하고 만 5세가 넘은 아이를 나이까지 속여 가며 여탕으로 데리고 가기도 하죠. 난감하기 그지없는 상황입니다.

내게는 너무 어린 철부지로 보일지라도 남들에게는 그렇지 않을 수 있다는 사실을 인정해야 합니다. 엄마가 아들을 데리고 대중목욕탕에 들어갔을 때 아이가 다른 여성의 몸을 힐끗힐끗 쳐다본다면 그 아이의 눈빛은 엄마가 알고 있던 천진난만한 눈빛이 아닐 거예요.

성에 대해 본격적으로 이야기할 나이가 되기 전이라도 부모는 아이를 성적인 존재로 존중해야 합니다. 이는 부모가 불편해서가 아니라 아이를 충분히 존중하기 위해서입니다. 대개 아이가 여덟 살이 되기 전에 동성이 아닌 아빠 혹은 엄마와 같이 목욕을 하지 않아야 하고, 가족들이 벌거벗은 채로 집 안을 돌아다니는 것을 그만둬야 합니다.

"어디까지 이야기해야 하나요?" 학부모 대상뿐 아니라 교사 대상의 연수에서도 자주 듣는 질문입니다. 아이들과 성에 관해 이야기할 때 중요한 전제는 어른(학부모와 교사) 수준으로 가르치는 게 아니라 아이의 수준에 맞춰서 가르치는 것입니다. 즉 19금 수준으로 가르치는 것이 아니라 아이의 연령에 맞춰 단어를 고르고, 표현을 다르게 해야 한다는 뜻입니다.

"사춘기가 본격적으로 시작되기 전, 열 살 전후해서

성에 관한 이야기를 시작하는 게 가장 좋습니다.

어른들의 이야기에 거부감이나 반감이 별로 없으며,

제법 말귀를 알아듣는 나이이기 때문입니다."

성 건강 수업 마지막에는 쪽지 평가를 보는데,
남학생용 질문은 두 가지로
하나는 나의 생식기를 건강하게 관리하는 방법에 대해 써보자는 것이고,
다른 하나는 주변에 가족이나 친구 중에 월경하는 여성이 있을 때
어떻게 도와줄 수 있을까를 써보자는 것입니다.
제가 생각했던 것보다 훨씬 다양한 의견이 나와서
학생들과 즐겁게 공유했습니다.

사춘기는 자신의 성에 문제가 생겼을 때 말해야 하는 나이에요

Q 03

남녀가 성에 대해 다르게 느끼는 이유는 뭔가요?

저는 자라면서 '여자니까 그래.' 혹은 '남자니까 그래.'라는 말을 참 많이 들었습니다. 그때마다 별로 기분이 좋지 않았던 기억이 있습니다. 친구들이 소꿉장난을 하고 놀 때 저는 진지구축을 하거나 전쟁놀이를 더 많이 했던 것 같아요. 고무줄놀이를 하고 있는 친구들을 골려주려고 남자 아이들이 고무줄을 끊고 달아날 때는 그 아이들을 쫓아가서 혼을 내주었죠. 여자라는 이유로 남자 아이들에게 놀림이나 괴롭힘을 당하는 것을 참을 수가 없었습니다. 같은 인격체라는 측면에서 남자와 여자는 동등합니다.

하지만 남자와 여자의 성에 대한 느낌은 차이가 있습니다. 다름이 성 차별, 성 역할 고정관념으로 이어지는 것을 경계해야 하나 성 차이는 존재합니다. 남자와 여자의 성에 대한 느낌이 왜 다른지, 이를 어떻게 설명하면 아이들이 쉽게 이해할 수 있을지를 고민하다가 보건 교과의 정체성을 살려 다음과 같이 설명해 보았습니다.

동화사에서 발행한 『중학교 보건』교과서에 소개된 내용을 약간 응용해 본 겁니다.

남녀의 생리적 현상 차이

구분	사정	월경
원리	자극에 의해 음경이 발기될 때 정액이 몸 밖으로 배출	배란된 난자가 수정되지 않을 때 난자와 자궁 속의 분비물이 몸 밖으로 배출
조절 여부	의지에 따라 조절	조절 불가능
생리 주기	불규칙	비교적 규칙적으로 한 달에 1회 정도
생리 기간	수 초 혹은 수 분	보통 3~7일
생리양	1회 2~6ml	1회 10~80ml
생리 중 느낌	만족감, 쾌감	불편함, 통증, 불쾌감
생리 후 반응	추구 성향 - 절제 필요	회피 성향 - 적응 필요

사춘기에 처음 성을 몸으로 느낄 때가 언제일까요? 남자는 사정으로, 여자는 월경입니다. 성을 바라보는 남녀의 시각이 왜 다른지를 설명해 주고 있습니다. 그 결과 남자는 만족감과 쾌감을 느끼고, 여자는 불편함과 통증과 불쾌감을 느끼지요. 그래서 남자는 추구하는 성향이 있고, 여자는 회피하는 경향이 있어요. 이 다름은 서로를 비난할 부분이 아니라 이해해야 할 부분인 거예요.

Q
04

성 건강

저는 진성인데,
포경수술 안 해도
되는 건가요?

"저는 진성인데, 포경수술 안 해도 되는 건가요?"
"저는 가성이라 수술 안 해도 되는데, 하는 게 더 좋은가요?"

남학생들로부터 자주 받는 질문입니다. 포경수술은 의학적으로 '환상 절제술'이라고 합니다. 적당한 길이의 음경 피부와 포피(귀두 주변을 둘러싼 피부 조직)를 잘라내 귀두를 노출시키는 수술법이에요. 포경수술을 할 경우 나라와 사회 문화에 따라 차이가 크지만 서양에서는 태어나자마자 시행하는 신생아 포경수술이 일반적인 반면 우리나라에서는 초등학교 이후부터 청소년기 사이에 흔히 시행됩니다.

대개 포경수술은 남성의 생식기에 자주 발생하는 질병을 예방하고 위생적인 관리를 위해 실시합니다. 포경수술이 음경암, 에이즈, 배우자의 자궁경부암 등의 발생을 낮추는 효과가 있다는 연구가 있기도 하지만 이에 반대되는 결과도 있어 많은 논란이 있습니다.

유아기에는 귀두가 포피로 뒤덮여 있다가 사춘기 이후가 되면 음경이 발육하면서 포피가 차츰 후퇴해 자연스럽게 귀두가 노출되는 것을 '가성포경'이라고 하고, 귀두와 포피의 유착이 심하거나 포피륜의 협소로 인해 포피가 전혀 뒤집어지지 않는 것을 '진성포경'이라고 합니다. 진성포경의 경우 간혹 포피의 감염이나 국소 통증을 일으키는 수가 있습니다.

포경수술에 대해서는 극과극의 의견들이 있지만 대체적으로 가성포경은 수술하지 않아도 되고, 진성포경일 경우에는 위생을 위해 포경수술을 권하는 편입니다. 사회 분위기에 따라 포경수술을 시행하는 비율은 국가 별로 많은 차이가 있습니다.

최근 들어 우리나라에서는 20세까지는 남성의 포피가 변화 과정에 있기 때문에 씻을 때 손으로 위쪽을 향해 부드럽게 밀면서 씻으면 자연스럽게 밀려 올라갈 수 있다고 보고 이 나이에 이르기까지 포경수술을 미루는 경향이 있습니다.

★ 존 중 포 인 트

교사가 생식기 그림을 제시할 때 학생들이 서로 힐끗거리거나 킥킥거리지 않도록 사전에 단단히 일러줘야 합니다. 성에 대해 상대적으로 수치심이 더 많은 여학생을 배려하기 위해 남성 생식기 건강을 먼저 다루는데, 수업 전에 여학생들에게 남성의 성을 제대로 존중하면 남학생들도 다음 시간에 여성의 성을 존중해 줄 거라고 일러줍니다. 여학생들이 남학생들을 존중하고 배려하는 모습을 보이면, 이어지는 수업에서도 남학생들이 여학생들을 배려하고 존중하게 될 겁니다. 가정에서도 동일합니다. 엄마 아빠가 그림책을 보며 아이와 성에 대해 이야기를 나눌 때 가장 중요한 것은 나와 다른 성에 대해 아이들이 존중하는 태도를 갖게 하는 겁니다. '다름'은 '차별'의 시작이 아니라 '배려'의 출발임을 분명히 알려 주세요.

Q 05 생식기는 어떻게 씻어야 좋은가요?

학생들에게 생식기 건강에 대해 설명할 때 화면에 성기 그림을 띄워놓고 설명합니다. 가정에서도 자녀들에게 남녀 성기에 대해 자세히 설명할 때 그림책을 펼쳐놓고 하는 것이 좋습니다. 이와 같은 정확한 설명만으로도 뒤에서 수군거리는 일이 확실히 줄어듭니다. 정확한 설명을 듣기 전에는 자기 성기와 다르게 생긴 것이 무슨 비밀인 것처럼 여기거나 나만 알고 있는 것처럼 알은체하거든요.

성 수업에서는 몸에 대해 정확한 명칭을 사용하는 원칙을 정합니다. 요즘은 대개 남녀 합반이라서 상대방의 성에 대해 예의를 갖출 것을 미리 일러주어야 합니다. 몇몇 학생이 킥킥거리거나 힐끔힐끔 쳐다보기라도 하면 수업 분위기가 단번에 무너질 수 있고, 그로 인해 다른 학생이 수치심을 느낄 수 있기 때문에 진지한 분위기가 형성되도록 유도해야 합니다. 조금이라도 이상한 조짐이 보이면 초반에 확실하게 수정해 주세요. 이때 "너는 어떠니?"라는 식으로 아이의 개인적인 경험이나 사실을 묻는 것은 금물입니다. 이는 수치심을 일으킬 뿐 아니라 성희롱이 될 수 있으므로 특히 조심해야 합니다.

남녀 성기는 모두 매우 얇고 예민한 피부로 이루어져 있기 때문에 부드럽게 씻어야 합니다. 남자의 경우에는 비누 거품을 충분히 낸 후 귀두 부분이 노출되게 포피를 뒤로 잡아당겨 깨끗하게 씻고 나서 비누가 남지 않게 흐르는 물에 충분히 씻습니다. 땀이 많이 나는 겨드랑이와 사타구니도 마찬가지입니다.

여자는 비누를 사용하지 않고 물로만 깨끗하게 씻도록 합니다. 질에는 락토바실리(Lactobacilli)라는 좋은 세균(The Good Bacteria), 즉 질 정상세균총이 있는데, 산소를 좋아하는 호기성 균입니다. 이 정상세균총이 질 내에 살면서 질 내부 환경을 산성으로 유지해 온갖 외부 유입 세균의 증식을 억제하고 있습니다. 그러나 비누를 사용해서 씻어낼 경우 이 정상세균총이 파괴됩니다. 정상적으로 있어야 할 유산균이 사라지면 정상 질 내 상태가 유지되기 어렵고, 세균성 질염이 자주 재발합니다.

간혹 생리 중에 찝찝해서 혹은 냄새가 나는 것 같아서 너무 강박적으로 씻는 경우가 있는데, 이렇게 하는 것은 오히려 단점이 더 많습니다. 몸의 다른 부분처럼 지나가는 물로 씻는 게 옳습니다. 또한 여성 청결제를 사용하는 것은 건강한 질 환경에 좋지 않은 결과를 가져오므로 사용하지 않도록 지도합니다. 여성 청결제도 마찬가지로 정상세균총을 파괴해 만성질염을 일으킬 수 있습니다. 꼭 끼는 스키니진이나 팬티스타킹 등 통풍이 잘 안 되는 옷을 오래 착용하는 것도 마찬가지로 질 건강에 악영향을 줍니다.

사춘기에는 활동량이 많아져 땀을 많이 흘리므로 매일 잠들기 전에 샴푸와 샤워를 하는 것이 좋습니다. 단 샴푸한 후에는 두피 건강을 위해 완전히 말린 후에 잠자리에 들어야 합니다. 간혹 비듬 때문에 어려움을 겪는 친구들을 보게 됩니다. 비듬은 교복 재킷이 대부분 짙은 색이라 눈에 잘 띄기 때문에 반 친구들의 놀림거리가 될 수 있으니 특별히 신경을 쓰는 게 좋습니다. 피지분비과다, 두피건조, 스트레스, 잘못된 샴푸 방법 등 원인에 따라 치료가 달라지므로 이럴 때는 피부과 방문을 권합니다.

Q 06

음경에
아토피가 있어서
너무 가려워요

아토피 피부염이 없는 데도 음경이 가려워 고생하는 아이들이 있어요. 피부의 다른 부분에 아토피 피부염이 있는 경우에는 음경과 젖꼭지에 아토피성 피부염이 생기기도 해요. 이유는 피부 자극 때문이죠. 깨끗하지 않은 손으로 습관적으로 만지면 그곳은 연약한 피부이기 때문에 문제가 생겨요. 포경수술을 한다고 해서 다 잘라 낼 수도 없고요.

원인이 분명하니까 해결 방법도 간단해요. 자주 만지지 않게 주의시키면 되는 것이죠. 처음에는 부모님의 도움이 필요합니다. 일단 젖꼭지는 아토피 전용 로션을 듬뿍 바른 후, 저 자극 밴드로 덮어 주세요. 무의식적으로 손이 가더라도 자극되지 않게요. 밴드는 매일, 위치를 바꿔가면서 붙여줘야 접착제로 인한 2차 피부 트러블을 방지할 수 있어요. 아토피가 생긴 음경에는 샤워를 마친 후 잠자리에 들기 전 아토피 전용 로션을 듬뿍 바른 다음 랩으로 감싸 줍니다. 자위를 한 후에는 휴지로만 마무리하지 않고 깨끗한 물로 한 번 더 닦는 습관을 가지게 해주세요. 휴지를 사용할 경우에는 향이 없는 제품이 좋고, 물티슈를 사용할 경우에는 손입 전용 아기용 물티슈가 가장 자극이 적다고 해요. 낮에 학교에서 생활할 때도 의식적으로 손을 생식기로 가져가지 않게 신경을 쓰는 게 필요해요. 이렇게 몇 주만 꾸준히 하면 건드리지 않는 습관이 만들어지고 가려움증이 많이 없어질 겁니다.

★ 존중 포인트

생식기 건강에 관한 수업을 하다 보면 학생들은 자기 몸에 대해 궁금한 게 너무 많다는 사실을 스스로 깨닫습니다. 그런데 다른 아이들과 함께 있다 보니 드러내놓고 질문하기가 어렵죠. 이럴 때 익명 쪽지가 필요합니다. 수업 시작 전에 미리 학생들에게 쪽지를 나눠주고, 수업이 끝날 때 익명으로 교사에게 제출하게 합니다. 성에 관한 한 어떤 질문도 가능합니다. 교사는 익명 쪽지를 한 달 정도 받아 학급 별로 분류해 모아두었다가 수업 한 차시를 할애해서 한 시간 동안 모든 질문에 대해 충분히 답변해 줍니다. 익명 쪽지가 넘치면 우선순위로 질문을 추려서 답변하고, 모자라면 다른 반의 유익한 질문을 선별하여 답변하면 됩니다. 여기서 존중 포인트는 질문을 적은 학생이 질문함에 쪽지를 넣는 것이 드러나지 않도록 질문을 적지 않은 학생도 질문을 적은 학생과 똑같이 쪽지를 접어 하나의 질문함에 넣도록 하는 겁니다.

또한 답변하는 과정에서 질문한 학생이 누구인지 드러날 수 있거나 지나치게 개인적인 내용의 질문일 경우에는 개별 상담을 통해 깊이 있게 답변해 주는 것이 좋습니다. 아울러 개인 상담 과정에서 필요하다고 판단되면 교사가 학부모와 긴밀히 상의해 아이에게 공동으로 대처하는 게 좋습니다. 이때에도 아이의 동의를 먼저 구해야 합니다. 아이의 안전과 관련된 경우는 보호자인 부모에게 알리는 게 상담 원칙임을 잘 설명하면 대개 동의합니다. 한 아이를 올바로 키우기 위해서는 한 마을이 필요하다고 했습니다. 아이가 성적으로 건강한 상태를 유지하면서 바른 가치관을 가진 어른으로 성장하려면 교사와 학부모의 사려 깊은 대화와 소통이 필요합니다.

아들이 학교에서 돌아오면 자기 방에 들어가 문을 잠그고 열어 주지 않는다며 상담을 요청한 어머니가 있었습니다. 제가 여쭤보았어요. 혹시 아이의 사생활을 인정해 주지 않는 건 아니냐고요. 자기 방에 있을 때조차 사생활을 보호받지 못한다고 여기면 그런 행동을 할 수 있습니다. 이럴 때 뭘 하느라 문을 잠그고 있냐며 의심하지 말고, 어른이 먼저 아이의 방을 사적인 공간으로 존중해 주면 경계를 풀고 방문부터 잠그지는 않게 될 거예요.

Q 07 생리 전
증후군이었군요!

집중력 저하, 건망증, 공격성, 우울, 불안, 짜증 등의 정서적 증상과 여드름, 부종, 가슴통증, 소화장애, 두통, 요통 등의 신체적 증상이 대표적이다. 이러한 증상들은 배란 이후 점차 심해지며, 생리 시작 1주 전에 가장 심하고, 월경이 시작되면 수일 내에 사라진다. 그리고 월경 기간부터 다음 배란기까지는 증상이 전혀 없다.

- 월경 전 증후군(Premenstrual Syndrome) : 서울대학교병원 의학 정보

생리 전 1주일 동안 나에게 나타나는 변화를 찾아보자고 했을 때, 중1보다는 확실히 규칙적인 월경을 하는 중3 학생들이 잘 찾아냈어요. 남학생들도 꽤 찾아냈고요. 어떻게 알았냐고 물었더니 누나, 엄마를 통해 알았다고 하더군요. 참 건강한 가정이라고 생각했어요.

성 건강 수업 마지막에는 쪽지 평가를 보는데, 남학생용 질문은 두 가지로 하나는 나의 생식기를 건강하게 관리하는 방법에 대해 써보자는 것이고, 다른 하나는 주변에 가족이나 친구 중에 월경하는 여성이 있을 때 어떻게

도와줄 수 있을까를 써보자는 것입니다. 제가 생각했던 것보다 훨씬 다양한 의견이 나와서 학생들과 즐겁게 공유했습니다. 학부모 성교육에 참석했던 한 어머니는 아들이 자신이 생리 기간인 걸 알아차리고 청소기를 대신 돌려 주더라며 감사를 표하기도 했습니다.

서로의 성을 배제하거나 혐오하는 것이 아니라 성인지 감수성을 높여서 남녀가 인격적인 사람으로 서로 존중하자는 것이 바로 성인지 감수성 교육입니다.

내가 여자라서 혹은 성격이 원래 까칠한 아이여서 예민했던 게 아니라 정상적인 생리 주기 중의 호르몬 변화로 인한 생리 전 증후군으로 예민하고 우울했던 거였고, 그로 인해 체육 시간에 뛸 때 나 혼자만 가슴이 아픈 게 아니었다는 사실을 알게 되면 아이들은 큰 위로를 받습니다. 생리 전 증후군으로 갑자기 낯선 음식이 당길 수 있다는 이야기가 나왔을 때, 각자 자신이 경험했던 낯선 음식에 대한 이야기를 나누며 많은 공감을 이룰 수 있었습니다.

Q 08 생리 기간 중 나 자신과 평화를 누리고 싶어요

생리대에 대해서는 어떻게 가르칠까요? 생리대를 종류대로 칠판에 그려봅니다. 팬티라이너, 소형, 중형, 대형, 오버나이트 등을 그려놓고 왜 이렇게 나눠져 있는지 물어보세요. 생리 혈의 양에 따라서 사용하는 것이 달라지는 거예요. 화장실 갈 때마다 교환해야 되기 때문에 그날 나의 생리 양에 따라서 선택하는 게 맞는 것이죠. 가끔 하루 종일 오버나이트 한 장으로 버티는 아이들도 있어요. 왜 그러냐고 물었더니 생리대가 아깝기도 하고, 교환하기도 귀찮다고 했어요. 이것은 아주 잘못된 습관이에요.

생리 중에는 자궁과 질이 무방비 상태가 되거든요. 질 안에 정상세균총의 균형이 깨져 감염되기 쉬운 상태이기 때문에 어느 때보다 더 청결하게 관리해야 하는 시기예요. 생리 혈이 몸을 빠져 나와 산소와 만나면 부패하므로 습한 생리대를 장시간 착용하고 있는 것은 좋지 않습니다.

한 번 쓰고 버리는 일회용 생리대가 세탁 후 재사용하는 다회용 생리대(면 생리대)에 비해 편리하다는 장점이 있지만 단점이 더 많다는 사실을 어른들이 아이들에게 정확하게 알려줘야 합니다. 일회용 생리대를 쓰면 습진이 생기기 쉽고, 가려우며, 냄새가 나고, 화학솜에 화학약품 처리를 한 까닭에 알레르기가 생길 수 있으며, 잘 타지도 썩지도 않는 쓰레기를 남기게 되고, 생리통이 심해지는 원인이 되기도 할 뿐더러 매달 구입해야 하는 번거로움이 있습니다.

또한 패드형 생리대뿐 아니라 탐폰, 생리컵 사용에 대해서도 아이들이 무턱대고 접하기 전에 이에 관해 바르게 알려주는 것이 좋습니다.

탐폰은 착용 전후에 반드시 손을 깨끗이 씻어야 위생적으로 착용할 수 있으며, 양이 적은 날에는 사용하지 않는 것이 좋습니다. 흡수체의 흡수율이 너무 높기 때문에 제거할 때 질 안의 벽에 상처를 낼 수 있습니다. 이 상처는 질염으로 이어질 가능성이 많죠.

또한 탐폰을 사용할 때는 독성 쇼크 증후군에 대해 잘 알고 있어야 합니다. 독성 쇼크 증후군은 생리할 때 탐폰을 사용하는 여성에게 나타나는 증후군으로 특히 젊은 여성에게 예기치 않게 산발적으로 발생하며 쇼크, 발진, 결막염, 인후통, 심한 배탈 등이 나타날 수 있습니다. 심하면 신장부전, 폐부전으로 빠르게 진행하며 끝내 사망에 이르기도 합니다.

생리컵은 자신에게 맞는 것을 고르는 데 많은 시간과 노력을 들여 잘 맞는 것을 선택해야 하고, 주기적으로 소독해야 하며, 완전히 숙달되기 전에는 집 밖에서는 사용하지 않는 것이 좋습니다. 학교에서 공동화장실을 사용해야 하는 십대들에게는 이르다는 뜻이기도 합니다.

Q 09

성 건강

너무 가렵고
이상한 냄새가 나는데,
어떻게 해야 하죠?

여학생의 익명 쪽지에는 질염이나 외음부 가려움증에 대한 질문이 자주 있습니다.

질 분비물(냉)은 난소의 기능이 작동하고 있다는 표시입니다. 사춘기에 접어든 여자 아이는 질 분비물이 나오기 시작하고, 대개 몇 개월 지나 월경이 시작됩니다. 질 분비물이 없는 경우는 난소의 기능이 원활하지 않거나(폐경) 호르몬의 균형이 깨진 경우입니다.

배란 전후나 생리 전에 양이 증가하는 것은 정상입니다. 질 분비물의 구성 성분은 자궁 점액과 세포 조각들, 노폐물, 유산균, 되데를라인간균 등으로 약간 시큼한 냄새가 납니다. 속옷에 옅은 노란색으로 남는데, 시간이 지나 산소와 만나 부패가 진행되면 더 짙은 색으로 변합니다. 월경이 끝난 후 2~3일간은 갈색일 수 있습니다. 이는 고여 있던 생리 혈이 빠져나와서 보이는 정상적인 현상입니다.

질 분비물 색이 누렇거나 옅은 녹색을 띠면서 가려움증, 통증이 있으면 염증이 있다는 의미이므로 치료를 받아야 합니다.

우리가 예상하는 것보다 훨씬 문제가 심각한 학생도 있습니다. 어떤 학생은 팬티라이너가 흠뻑 젖을 정도로 양이 많다고 했어요. 엄마가 라이너를 사용하지 못하게 해서 축축하고 힘든데, 어쩌면 좋으냐고 묻더군요. 사춘기 여자 아이의 질 분비물 이상은 인스턴트식품이나 패스트푸드, 수면 장애 등이 원인일 수도 있고, 샤워 방법에 문제가 있을 수도 있어요. 생리 중이어도 샤워 젤이나 비누를 사용하지 않고, 몸의 다른 부위처럼 지나가는 물로 씻어주면서 가급적 물이 닿는 횟수를 줄이라고 일러줍니다.

동양의학에서는 씻지도 말라고 했어요. 손을 절대 대지 못하게 하고, 가려워도 긁으면 안 되겠지요. 딱 달라 붙는 옷(스키니진 등)은 혐기성균(산소를 싫어하는 균)이 자라기 좋은 환경이라 더 악화시키기도 해요. 당연하겠지만 일회용 생리대나 라이너도 상태를 악화시킵니다. 다회용 순면 생리대가 최선입니다.

이럴 때 여성 청결제를 사용하면 처음에는 냉의 양이 줄어든 것 같이 느껴지겠지만 만성 질염으로 진행합니다. 십대에게는 너무 가혹하죠. 평생 갈 건강한 질내 환경이 자리잡아야 할 시기이므로 좋은 습관이 만들어질 수 있게 관심을 가져주세요.

성경험이 있는 여자 아이의 경우 질염이 있는 경우가 많습니다. 제때 제대로 된 치료를 받지 않아 이미 만성 질염이 된 상태에서 보건실로 찾아오는 경우도 있습니다. 이럴 경우 가급적 빨리 전문의 치료를 받을 수 있게 도움을 주어야 합니다.

Q 10

생리 중에
성관계하면
어떤 일이 벌어지나요?

남녀를 가리지 않고 의외로 많은 학생들이 이에 관해 궁금해 합니다. 어디에선가 생리 중에는 피임하지 않아도 임신이 되지 않는 안전한 기간이라고 들었겠지요.

먼저 임신 가능성으로 볼 때 안전하지만은 않습니다. 아직 생리 주기가 불규칙하고 생리기간이 길기 때문에 생리가 완전히 끝나지 않았어도 임신 가능성이 있습니다. 또 심하게 스트레스를 받는 상황이면 호르몬의 균형이 깨져 갑자기 배란이 될 수도 있습니다.

임신 가능성을 논외로 하고 생각해 볼 때, 생리 중의 성관계는 여성의 건강에 해롭습니다. 앞에서 설명한 대로 생리 중에는 질과 자궁이 무방비 상태가 됩니다. 생리 혈은 자궁 내막이 흘러내리는 현상인데, 이는 일종의 상처입니다. 그곳까지 세균이 쉽게 침투할 수 있고 염증으로 연결되죠. 또한 대개의 경우 몸이 아프고 불편하기 마련인데, 생리 중인 청소년기 여성에게 성욕구가 있다고 보긴 어렵지 않을까요?

Q 11 수업 시간에 자주 발기를 하는데, 이상한 건가요?

한 남학생이 찾아와 쭈뼛거리다가 나지막하게 입을 열었습니다.

"저, 선생님… 제가 수업 시간에 자주 발기를 하는데, 이거 이상한 건가요?"

수업 시간에 남학생이 갑자기 발기를 한다, 이럴 때 어떻게 해야 할까요? 친구들이 보게 된다면 분명히 소리를 치며 놀려댈 게 뻔하고, 여학생들이 보게 된다면 비명을 지르면서 징그러워 할 게 뻔합니다. 물론 해당 교과 선생님도 엄청 당황스럽겠죠?

발기(勃起, Erection)는 음경이 자극에 반응하여 커지거나 딱딱해지는 생물학적 현상이에요. 음경 해면체에 많은 양의 혈액이 갑자기 유입되면서 발기 현상이 일어나죠. 주로 성적인 자극에 대한 반응이라고 알려져 있지만, 사실 남자의 의지와는 상관없이 일어나기도 합니다. 렘수면(REM) 상태에서 꾸벅꾸벅 졸고 있을 때, 혹은 아침 기상 시에도 이런 일이 일어납니다. 대부분의 남성들은 부끄럽다기 보다는 짜증스럽거나 불편한 느낌이라고 합니다.

하지만 이는 지극히 자연스러운 현상이니까 스스로를 이상하게 생각할 필요가 없습니다. 문제는 다른 사람, 특히 여자에게 들켰을 경우 그녀에게 성적 수치심이나 불쾌감을 줄 수 있기 때문에 들키지 않도록 주의해야 합니다. 즉 빨리 가라앉도록 내가 나를 도와줘야 하는 것이죠. 중1 남학생들이 추천한 방법 1순위는 '슬픈 생각을 한다. 예를 들면 엄마한테 혼난 것.'이었으며 가장 많이 알려진 방법은 신경을 다른 곳으로 돌리기 위해 귀를 후비거나 애국가를 4절부터 1절까지 열심히 부르는 것입니다. 허벅지에 잔뜩 힘을 주면 혈액이 그곳으로 빠르게 몰려서 효과가 있다고도 합니다.

때로 발기를 재미있는 놀이로 생각하는 아이들이 있습니다. 유아일 때는 다른 장난감 놀이처럼 그냥 놀이일 경우가 대부분이라 관심을 다른 데로 돌려주면 됩니다.

그런데 사춘기 아이가 그럴 경우 부모는 아이와 깊이 대화를 나눠봐야 합니다. 무턱대고 화를 내거나 혼내지 말고 그때 어떤 느낌이었는지, 그런 상황에서 다른 사람은 어떤 반응을 보였는지, 혹시 누가 부추겼는지 등을 물으면 됩니다.

만약에 아이가 주변에 기분 나빠한 사람이 하나도 없었는데 왜 그러느냐는 등 감당하기 힘든 반응을 보이면 상황에 따라 전문가와의 상담으로 연결되어야 합니다. 어떤 연구에 따르면 아이가 성기 놀이, 자위에 집착하는 것은 '외로움' 때문이라는 결과가 나왔다고 합니다. 새겨들어야 할 부분이라고 봅니다.

Q 12

정자 배출은
자신의 의지대로
조절할 수 있나요?

남자가 정액을 자신의 몸 밖으로 배출하는 것을 사정(射精, Ejaculation)이라고 합니다. 국어사전을 찾아보면 '남성의 생식기에서 정액을 반사적으로 내쏘는 일. 생식기에 가해지는 자극에 의하여 사정중추가 흥분하면 일어난다.'고 되어 있습니다. 의학적으로 설명하자면 남성에게 물리적이나 정신적인 자극이 주어져서 성적 흥분이 최고가 되었을 때 남성 성기에서 정액이 분출하는 현상을 가리킵니다.

성적인 흥분이 높아지면 고환에서 만들어져 있던 정자가 정관을 따라 이동합니다. 그러다가 정점에 달하면, 즉 오르가슴 상태가 되면 척수에 있는 사정중추의 반사에 의해 방광괄약근이 수축하면서 정액이 전립선에 모아지죠. 이때 정자도 정관을 통해 이동하며 전립선에서 정액과 합쳐집니다. 이후 요도괄약근이 수축하여 전립선 내의 정액을 압박해 요도를 통해 몸 밖으로 방출하는 것이죠.

일반적으로 정액의 양은 한 번 사정할 때 2~6밀리리터 정도로 알려져 있으나 개인차가 있습니다. 방출되는 정자의 수도 개인에 따라 상당한 차이가 있죠. 정자가 아예 나오지 않는 무정자증은 불임의 원인이 됩니다. 남녀 간의 성행위로 인해 사정이 이루어지면 여성의 자궁 내로 정자가 보내져 난자와 수정함으로써 여성이 임신의 과정에 들어갑니다.

성행위로 인한 사정이 아닌 경우는 자위나 몽정, 유정을 통한 사정이 있습니다. 성행위나 자위는 자신의 의지로 행하는 것이지만 몽정(夢精, Night Pollution)은 잠을 자는 도중에 사정하는 것이라서 자신의 의지와 전혀 무관하게 일어납니다. 하지만 이는 건강한 남성에게서 생리적으로 일어나는 자연스러운 현상입니다. 유정(遺精) 역시 부지불식간에 정액이 저절로 나오는 현상으로 청소년기에는 체육 활동 시, 역기를 들거나 철봉을 할 때 갑자기 힘을 주면 자기도 모르게 정액이 흘러나올 수 있으므로 자연스러운 현상으로 볼 수 있습니다.

발기와 달리 사정은 어느 정도 자신의 의지대로 조절할 수 있습니다. 이 부분에 대해 수업에서 토론을 한 적이 있습니다. 여학생들은 조용히 귀를 기울였고 남학생 모두가 참여했는데, 만장일치로 위와 같이 의견이 모아졌습니다. 그러나 몽정이나 유정의 경우 자신의 의지로 이를 조절할 수 없습니다.

★ 존중 포인트

여교사의 경우 남학생으로부터 이 같은 질문을 받으면 당황스러울 수 있습니다. 그러나 남학생들은 대체로 남교사에게는 이런 질문을 하지 않습니다. 학교 안에서 도움을 구할 곳은 자기 엄마와 비슷한 여교사일 수밖에 없습니다. 이렇게 생각하고 상담을 하면 당황스러운 느낌보다는 '어떻게 하면 정확하게 가르쳐줄 수 있을까?'에 집중하게 됩니다. 교사가 당황스러워한다는 것을 학생이 눈치 채면 '아, 이건 부끄러운 거구나.', '나에게 문제가 있구나.' 하는 것을 즉각적으로 학습하게 되므로 교사는 학생이 이런 느낌을 갖지 않게끔 주의를 기울여야 합니다. 어느 날 갑자기 아들에게 이 같은 질문을 받는다면 엄마 역시 당황스럽기는 마찬가지일 겁니다. 이때 아들을 나무라거나 무슨 큰일이라도 난 것처럼 요란스럽게 대처해서는 안 됩니다. 언젠가 아들에게서 이런 질문을 받을 수도 있다는 걸 염두에 두고 엄마 아빠가 미리 준비하고 있다면 더욱 좋겠죠.

수업에서는 야동이 현실과 어떻게 다른지
학생들이 스스로 판단하도록 돕습니다.
야동을 다룰 때는 특히 '본다.', '안 본다.' 식의 이분법이나
'바람직하지 않다.', '안 된다.'를 반복하지 않도록 주의해야 합니다.
청소년기는 교사나 부모가 결론을 내려 강요한다고 해서
이를 겸허히 듣고 행동을 수정할 나이가 아닌 것 아시죠?

야동이
현실과
다르다고요?

Q 13

야동 이야기

야동에만
있는 것은?

아이들은 어른들이 짐작하고 있는 것보다 훨씬 더 많이 야동 때문에 힘들어하고 있습니다. 그리고 생각보다 많은 성인들이 여전히 음란물을 보고 있습니다. 성범죄자들의 공통된 특징 중 하나는 오랜 기간 동안의 음란물 탐닉, 즉 음란물 중독입니다. 음란물을 처음 접한 시기가 빠르면 빠를수록 쉽게 중독이 되고, 이에 몰입하는 시간이 길기 때문에 음란물의 내용과 현실의 상황을 구분하기 어렵게 된다고 합니다.

수업에서는 야동이 현실과 어떻게 다른지 학생들이 스스로 판단하도록 돕습니다. 야동을 다룰 때는 특히 '본다.', '안 본다.' 식의 이분법이나 '바람직하지 않다.', '안 된다.'를 반복하지 않도록 주의해야 합니다. 청소년기는 교사나 부모가 결론을 내려 강요한다고 해서 이를 겸허히 듣고 행동을 수정할 나이가 아닌 것 아시죠?

우선 교사나 부모 자신이 음란물에 대한 이해를 높일 필요가 있습니다. 잔 라루와 프랭크 요크가 공동 집필한 책『포르노로부터 아이들을 보호하라』를 읽고 왜 책임 있는 어른들이 음란물에 대해 다루어야 하는지를 정확히 이해한 뒤 학생들 앞에 서는 것이 좋습니다. 미국의 비영리 단체 등에서 가정 사역 전문가로 활동하고 있는 저자들이 쓴 이 책은 포르노 매체에 무방비로 노출된 아이들을 어떻게 보호할 것인지 현실적인 방법들을 다양하게 모색하고 있는 양서입니다. 교사가 충분히 준비하지 않은 채 수업에 들어갔다가 실력과 내공이 부족한 게 드러나면 배움이 일어나기 어렵습니다.

우선 칠판에 크게 두 구획으로 나누어 적습니다.

야동에만 있는 것은?	야동에는 없고 현실에 있는 것은?

이때 두 번째 질문에는 '야동에는 없고 현실에만 있는 것은?'처럼 '만' 자를 넣지 않는 것이 좋습니다. 굳이 '만' 자를 넣을 경우 '있느냐 없느냐'에 너무 집착하는 상황이 벌어지면 정해진 시간 안에 의도한 결론(성취 수준)까지 도달하기 어려워집니다.

교사 : "먼저 야동에만 있는 것을 찾아 볼 텐데요. '나는 야동을 안 봐요!', '야동 본 적 없어요!'라고 생각하는 친구도 있을 거예요. 그럴 때 이렇게 한번 생각해 보세요. '나는 야동을 왜 안 보는 거지?', '나는 야동을 보면 뭐가 불편하지? 왜 싫지?' 그 점을 생각해 보면 쉽게 찾아낼 수 있어요."

(대부분의 아이들은 자신이 야동을 본다는 것을 숨기기 때문에 들킬까 봐 전전긍긍합니다. 따라서 "솔직하게 말해!"라는 식으로 접근하면 더 꼭꼭 숨어 버립니다. 안전한 수업 시간이 아닌 거죠.)

학생 : (도움 필요) "비현실적으로 커요."

교사 : "남녀 신체 중 특히 어디가 크게 보이나요?"

(성 수업에서는 반드시 정확한 단어를 사용하는 원칙을 상기시키고, 편안하게 표현할 수 있도록 도와주어야 계속 연결할 수 있습니다. 아이들이 웃거나 분위기가 어수선해지더라도 지나치게 지적하지 않고 조금은 자유롭게 시작하는 것이 좋습니다. 그러나 교사는 침착하게 집중하면서 아이들과 연결되어 있어야 합니다.)

학생 : "남자의 성기와 여자의 가슴이요."

교사 : "야동에 나오는 남녀는 정체가 뭐예요? 뭐하는 사람들이에요?"

학생 : (도움 필요) "AV(Adult Video, 즉 성인 비디오) 배우에요."

교사 : "이 AV 배우 오디션에서는 어떤 사람을 뽑을 것 같아요?"

학생 : "가슴이 크고 성기가 큰 사람을 뽑아요."

교사 : "왜 가슴과 성기가 큰 사람을 뽑을까요?"

학생 : "사람들이 좋아해요. 야해요. 흔하지 않으니까요."

야동에 나오는 여자가 내는 소리는
정말 좋아서 내는 소리일까?

~~~~~~~~~~~~~~~

교사 : "한 친구가 익명 쪽지로 이런 질문을 했어요. '야동에 나오는 여자가 내는 소리는 정말 좋아서 내는 소리인가요?' 자, 누가 한번 답변해 볼까요?"

학생 : (도움 필요) "여자 배우가 대본에 적힌 대로 내는 소리에요."

교사 : "누구를 자극하기 위해서 대본에 그렇게 적혀 있는 것 같아요? 상대 남자 배우일까요?"(충분한 시간을 두고 답변을 기다립니다. 중요한 순간이거든요.)

학생 : "모니터로 야동을 보고 있는 사람을 자극해요."

여러 대화가 오갈 때 아무리 사소한 의견, 작은 목소리라도 교사가 끝까지 들어 주고 거론해 주며 이를 칠판에 적습니다. 학급에 따라 잘 찾아내는 아이를 야동을 많이 보는 아이처럼 비난하는 분위기가 살짝 감지되면 재빨리 대답한 학생을 칭찬해 주면서 "야동이 불편했던 학생이 찾을 수 있는 것"이라고 북돋워 줍니다. 교사가 의도한 단어와 완전히 일치하지 않더라도 "다른 사람?" 또는 "누가 더 정확하게 말해 볼까요?" 등 정답 찾기 형식으로 진행하지 않고, "조금 다른 말로 표현해 볼까요?" 혹은 "다른 관점으로 표현한다면?" 등으로 같은 학생에게 몇 번 더 기회를 주면 배움의 점프가 일어나면서 좋은 답변이 나오는 경우가 많습니다. 이렇게 진행하면 아이들이 '틀리면 어쩌지?' 하고 불안하기 보다는 좀 더 편안하게 대답할 수 있습니다. 야동 수업을 진행한다는 것은 교사로서도 편치 않은 점이 있지만 교사 자신의 감정에 빠지지 않으려고 노력해야 하고, 시종일관 진실성 있게 아이들과 연결되도록 애를 써야 합니다.

야동에만 있는 것은?

비현실적인 신체 크기(남자의 성기, 여자의 가슴)

과다한 신체 노출

성기 중심의 성, 감독, 대본, 조명…

여성을 학대하는 남성

(여자는 폭력에 저항하지 않는다. 오히려 폭력을 원하고 즐기는 것처럼 보인다.)

야동에는 없고 현실에 있는 것은?

남녀 간의 건강한 사랑

서로 귀하게 여기는 존중

도와주고 보살펴주는 배려

생명, 임신, 책임, 믿음(신뢰)

스토리, 설렘 같은 감정, 시간, 피임, 절제

폭력에 대한 응징(처벌), 성병…

예로 제시한 답을 아이들이 찾아낼 수 있도록 주의 깊게 유도합니다. 학생들은 예상보다 아주 잘 찾아내고, 발견한 스스로를 신기해 합니다. 교사는 여기서 어떤 답변도 판단하지 않습니다.

교사 : "우리 부모님은 어떤 성을 통해서 여러분을 낳으셨을까요?"
(손가락으로 가리키게 합니다.)
"야동이라고 생각하는 사람 있어요? 그렇다면 잠깐이라도 부모님을 오해하지 맙시다. 야동을 통해 여러분을 낳은 게 아니고 야동에 없는 현실의 성을 통해 여러분을 낳았고, 생명인 여러분을 지금까지 책임지고 계십니다."

저는 야동 수업을 할 때마다 빼놓지 않고 학생들에게 사과합니다.

"같은 시대를 살아가는 어른의 한 사람으로서 오직 돈을 벌기 위해 이토록 유해한 영상을 만들어 마구잡이로 유포하는 어른들을 막지 못했고, 여러분이 접하지 않게끔 법적인 안전망을 만들지 못했음을 사과하며, 늦었지만 무엇이 옳은지를 가르칠 수 있는 기회가 있어 정말 다행이라고 생각합니다. 도움이 필요하면 언제든지 도와줄 테니 야동 때문에 힘들면 선생님을 꼭 찾아오세요."

실제로 저를 찾아온 남학생들과 상담한 내용 중 상당 부분이 바로 야동을 끊는 실제적인 방법에 대한 것이었습니다.

질문이 배움을 촉진한다

교사가 수업을 준비하면서 가장 많이 하는 고민은 '어떤 질문을 할까?' 입니다. 질문은 수업의 핵심(성취 수준)과 닿아 있어야 하므로 수업 디자인의 핵심이 바로 교사의 질문입니다. 야동 수업에서 준비한 저의 첫 질문은, "야동에 나오는 여자가 내는 소리는 정말 좋아서 내는 소리인가요?"입니다. 질문할 때는 무비판적인 질문으로 합니다. "그게 진짜라고 생각하니?" 와 같은 차갑거나 꾸짖는 식이 되면 곤란합니다. 질문한 다음에는 아이들의 반응에 주의하면서 잘 이끌어야 합니다.

기대한 답변이 바로 나온다면 다행이지만 때로는 묵묵부답, 눈만 껌벅껌벅하며 서로 쳐다보고만 있을 때도 있습니다. 그렇더라도 가급적 반응이 나올 때까지 기다려 줍니다. 성 수업은 아이들이 흥미 있어 하는 주제이기 때문에 어떻게든 반응을 합니다. 마음 급한 교사가 먼저 답을 말해 버리면 이후로는 침묵의 교실이 될 수도 있습니다.

그럴 때, 대답할 수 있도록 바꾸어 질문합니다.

교사 : "질문이 조금 어려웠나 보군요. 그럼, 조금 다르게 질문할게요. 야동에 나오는 주인공들의 직업이 무엇일까요?"

학생 : "배우, AV 배우에요."

교사 : "좋아요. 배우는 무엇에 따라(무엇을 보고) 연기하나요?"

학생 : "대본이요."

교사 : "네, 배우니까, 대본을 보고 연기하겠죠. 그렇다면, 대본에는 누구를 위해 그런 소리를 내게끔 적혀 있을까요?"

(이 질문에 단번에 답변이 나오긴 쉽지 않겠죠? 잘 찾아낼 수도 있지만 그렇지 않을 경우에는 잠시 모둠에서 같이 의논하게 합니다.)

교사 : "자, 1모둠에서는 어떤 의견이 나왔어요?"

(모둠 의견으로 물어 대답하는 부담을 줄여 줍니다.)

학생 : "저희 모둠에서는… 모니터로 야동을 보고 있는 사람을 자극하기 위한 것이라고 결론 내렸어요."

교사 : "잘 찾았어요! 센스 있는 모둠이네요!"

(마음껏 칭찬해 줍니다.)

야동수업에서 준비한 두 번째 핵심 질문은 '야동을 보며 계속 자위할 경우 앞으로의 삶이 어떻게 달라질까요?'입니다.

Q 14

야동 이야기

야동을 보며 계속 자위를 한다면 앞으로 내 인생은 어떻게 달라지나요?

교사 : "앞으로 여러분은 어느 성을 통해 행복을 누리게 될까요?"

학생 : "현실의 성이에요."

교사 : "맞습니다. 우리가 가장 소중히 여기는 것들이죠. 그런데 지금 여러분이 야동의 강한 자극이나 왜곡된 성을 통한 흥분으로 성충동을 해소하는 습관을 갖게 된다면 여러분의 뇌와 가슴이 현실의 미묘한 설렘, 떨림, 아름다움에 반응하지 않게 됩니다. 내 뇌가 팝콘 브레인이 되는 겁니다. 게다가 야동 생산자가 될 수도 있습니다."

팝콘 브레인(Popcorn Brain)이란?

미국 워싱턴 대학교 정보대학원 데이비드 레비 교수가 처음 사용한 단어로, 자극이 강한 디지털기기를 많이 사용하면 뇌가 200도 이상의 높은 온도에만 튀어 오르는 팝콘처럼 강한 자극에만 반응할 뿐, 진짜 현실에는 무감각해지는 현상을 말합니다. 뇌는 강한 자극을 추구하는 경향이 있음을 의미합니다.

교사 : "자위는 해도 돼요. 자위는 내가 나를 사랑하는 방법 중 하나이기 때문에 해도 됩니다. 나이와 신체 발육에 맞게 횟수 조절이 필요하지만요. 그러나 야동을 보면서 자위하지 않으려고 노력해야 됩니다."(흡연을 예로 들면 잘 이해됩니다.)

교사 : "청소년이 담배를 피우면 감방에 가나요?"

학생 : "아니오."

교사 : "그런데 왜 여러분은 담배를 피우지 않나요?"

학생 : "몸에 좋지 않기 때문에요."

학생 : "나중에 크게 후회를 한데요."

학생 : "끊고 싶어도 끊을 수가 없데요."

교사 : "맞아요. 지금 당장은 어떤 느낌일지 궁금하고 호기심이 생겨도 미래를 위해 흡연하지 않기로 결심하고, 그 결심을 지키고 있는 여러분이 참 멋지다고 생각합니다. 야동도 마찬가지에요. 지금 당장은 재밌어 보이지만 결국 여러분의 삶을 황폐하게 하고, 중독이 되면 아름다운 성을 누릴 수 없게 됩니다. 보지 않으려고 노력해야 해요."

자위할 때 조심해야 할 것들

첫째, 야동을 보면서 자위하지 않으려고 노력해야 합니다.

둘째, 반드시 혼자 있는 공간에서, 내가 나 자신의 것만 만질 수 있습니다.

셋째, 나 자신을 해치는 방향이 아닌, 나를 사랑하는 방법으로 해야 합니다.

넷째, 날카롭거나 딱딱한 것으로 성기를 문지르지 말아야 합니다. 손톱은 거칠지 않고 짧고 깨끗하게 관리해야 하며, 자위 전후로 손을 깨끗이 씻어야 합니다.

다섯째, 문제가 없는 현재 나의 성기를 눈으로 확인해 둡니다. 성호르몬이 본격적으로 분비되면서부터 성기 주변에 문제가 생길 수 있기 때문입니다. 음낭정계정맥류는 불임의 원인이 남자 쪽에 있을 경우에 약 30퍼센트 정도가 이 증상이라고 하는데, 15세를 전후해서 생기기 시작한다고 해요. 저도 보건실에서 상담한 학생을 비뇨기과로 연결한 적이 있는데, 바로 이 음낭정계정맥류였어요. 조기에 발견하면 완치가 쉽지만 성인이 되어 발견하면 치료해도 자주 재발이 된다고 합니다.

여섯째, 백색막 파열(음경 골절)을 주의해야 합니다. 문을 잠그지 않은 상태에서 누군가 갑자기 벌컥 문을 열면 깜짝 놀라 바지를 후다닥 올리게 됩니다. 혹은 자기도 모르게 너무 몰입한 나머지 손에 지나치게 힘이 들어갈 수도 있습니다. 이럴 경우 본의 아니게 성기가 골절되는 부상을 당할 수 있습니다. 구체적으로는 '뚝!'하고 뭔가 부러지거나 터진 것 같은 느낌과 함께 빠르게 발기가 상실되면서 붓기와 급성 통증이 동반되며, 더러는 정액과 소변에 피가 섞여 나오기도 합니다.

음경 골절이 의심되면 붓기와 통증 감소를 위해 얼음찜질을 하면서 가급적 빨리 응급실로 가야합니다. 걷기 어려울 정도로 통증이 심하면 무리하게 움직이려 하지 말고 119구급대를 부릅니다. 병원에서 촉진과 음경 초음파 촬영으로 손상 정도가 확인되면 혈종을 제거하고 백막을 봉합하는 치료를 받을 수 있습니다. 손상 정도가 적을수록, 병원 치료가 빨리 제공될수록, 솜씨 좋은 의사를 만날수록 원상 복구될 확률이 높아집니다. 적절한 응급조치를 시행하지 않았을 경우 음경 만곡증이나 발기부전 등 난치성 성기능 장애가 나타날 수 있으므로 이 사실을 미리 알고 있어야 합니다.

사소한 것 같지만 밤에는 가급적 아이 방에 들어가지 않아야 하고 필요한 경우, 살며시 노크하고 나서 잠시 수습할 시간을 주고 들어가야 합니다. 학생들에게 "그러니까 너희도 밤에는 부모님 계신 방에 가급적 가지 않아야 해."라고 하면 "맞아, 정말 그렇겠군!" 하고 대답합니다.

야동 이야기

어떻게 하면
야동을
끊을 수 있을까요?

야동이 내 삶에 어떤 영향을 주는지 알았으니 얼마나 끊고 싶겠어요? 실제로 많은 아이들이 야동 때문에 찾아온 생활의 변화로 힘들어 하며 이를 끊으려 하지만 잘 되지 않아 고민하고 있습니다. 특별한 비법이 있으면 좋으련만 담배를 끊기 힘든 것처럼 야동을 끊는 것도 결코 쉬운 일이 아닙니다. 담배를 끊을 때와 같은 방법으로 끊는 수밖에 없습니다. 결국 본인 의지에 달려 있는 거죠. 흔한 예로 다이어트를 들 수 있습니다. '다이어트는 항상 내일부터!'라고 마음 먹는다면 평생 성공할 수 없잖아요? 오늘 간절히 먹고 싶은 이 음식을 포기할 수 있어야만 다이어트에 성공할 수 있는 것처럼 야동도 지금 당장 내 의지로 끊지 않으면 평생 끊을 수 없습니다. 금연과 다이어트와 야동을 끊는 일, 결코 내일은 없는 겁니다.

'딱 한 개비만 피고 금연할 거야.'
'오늘 딱 한 번만 더 보고 내일부터 다신 안 볼 거야.'

이런 태도로는 야동을 끊을 수가 없어요. 어떻게든 오늘을 버틸 수 있도록 아이들에게 용기를 줍니다. 혼자 있는 시간을 줄이도록 하고, 같이 어울리는 친구 중에 야동을 자주 보내주거나 탐닉하는 친구가 있는지 물어보세요. 방과 후, 어른이 없는 집에 친구들끼리만 모여서 시간을 보내지는 않는지, 주로 어떻게 노는지 관심을 가져주세요.

무엇보다 부모가 아이를 얼마나 사랑하는지, 아이가 부모에게 얼마나 소중한 존재인지 계속해서 말해주면서 어떤 상황에서도 아이를 존중해 주세요. 사랑하는 부모님이 이토록 귀하게 여기는 소중한 존재인 스스로를 막 대하지 않을 거예요.

Q 16
야동 보는 아이를
발견했을 때
어떻게 해야 하죠?

야동 보는 아이를 발견했을 때 먼저 침착해야 합니다. 그 순간에는 "놀랐어? 미안해." 하고 가만히 문을 닫고 나오세요. 그리고 어떻게 할지 고민한 후에 시작하면 됩니다.

첫 번째, 아이와 대화하기 전에 먼저 어떤 이야기를 할지 배우자와 합의가 필요합니다. 부모가 한 마음이며 동일한 행동을 취하고 있다는 사실을 아이가 알아야 합니다.

아빠(엄마)가 진지하게 열심히 설명했는데, 나중에 엄마(아빠)가 "괜찮아. 그냥 걱정돼서 그러시는 거야."라든가, "너 때는 다 그래. 괜찮아. 너무 마음에 두지 마."라며 위로의 의미로 잘못 말을 건네면 아이는 "아, 봐도 되는 거구나. 어른들도 똑같이 봤구나."라고 자신을 합리화 해버립니다. 이러면 결코 행동 수정이 일어나지 않습니다. 특히 아들에게 아빠가 "나도 너 나이 때 많이 봤어. 다 그래. 괜찮아."라고 말할 수가 있는데, 아빠들이 십대이던 시절과 요즘 아이들이 접하는 음란물은 차이가 많습니다. 강간, 집단윤간,

수간, 소아성애, 노인성애 등 성도착증에 해당되는 비도덕적인 내용이 너무 많은 거 알고 계신가요?

두 번째, 야동을 보는 아이를 발견했을 때, 아이를 수치스럽게 만들면 안 됩니다. 간혹, 부끄러운 줄 알면 다시 안 할 거라고 생각할 수도 있습니다. 그래서 아이를 몹시 부끄럽게 만드는 어른들이 있습니다. 그러나 어린 시절에 겪은 자신의 몸과 관련된 강력한 수치심은 아이에게 선명하게 각인되어 성인이 된 후에도 무의식 속에서 큰 영향을 미칩니다.

제가 만난 사람 중에 미취학 아동 때 타이즈를 신은 채 치마를 입지 않고 문 밖으로 나갔다가 친할머니로부터 깜짝 놀랄 만큼 혼이 났던 사람이 있었습니다. 그는 40년이 지난 뒤 갑자기 그 순간이 떠올라 몹시 힘들어 했습니다. 그 기억이 갑자기 떠오른 후 오랫동안 불면과 고통 속에 지내며 '할머니가 그때 나한테 왜 그러셨을까?' 하는 생각으로부터 벗어날 수 없었다고 고백했습니다.

갑자기 야동을 보는 아이와 눈이 마주쳤을 때, 깜짝 놀랐겠지만 되도록 빨리 시선을 피하고 조용히 다음 기회로 반응을 미뤄야 합니다. 그러나 준비되는 대로 가급적 빠른 시일 내에 말을 건네야 연결될 타이밍을 놓치지 않습니다.

"그때 어떤 느낌이었니?" 하고 넌지시 물은 다음 아이에게 충분히 설명할 기회를 줍니다. 그런 다음 "사춘기 때 성적인 문제에 관심을 갖는 것은 당연한 일이야."라고 말해 아이를 안심시킵니다. 이후 "친구나 미디어 혹은 인터넷을 통해 성을 배우는 것보다는 너의 행복을 진정으로 바라는 부모에게서 배우는 것이 더 유익하지 않을까?" 하고 이야기합니다.

세 번째, 금지된 것들을 보고 싶은 유혹을 느끼는 것도 정상이라고 말해 줍니다. 내 아이가 특별히 이상하고 왜곡된 것이 아니라는 사실을 강조해 주는 게 좋습니다.

네 번째, 부모의 사랑을 확실히 인식시킵니다. 이런 문제를 해결하는 데 부모가 도움을 줄 것이라는 믿음을 갖게 합니다.

부모로서 또한 보호자로서 성적인 문제와 관련해 아이를 보호하고 책임 져줄 것이라는 사실을 깨닫게 해주세요. 야동의 어떤 점이 염려스러운지 위의 방법으로 잘 설명해 주고, 중독성과 황폐화 등 야동을 지속적으로 접하는 것이 얼마나 위험한지 거듭 설명해 주세요.

다섯 번째, 앞으로 아이가 야동에 빠지지 않도록 도와주기 위해 어떤 제약을 가할 것인지 설명해 주세요. 이 제약은 일방적으로 정하기 보다는 아이와 같이 협의해서 정해야 실행 가능성이 높아집니다. 아이 방의 컴퓨터를 거실로 옮기고, 스마트폰 사용을 제한합니다. 성적으로 자극이 될 수 있는 물건이나 자료들(예를 들면 아빠 스마트폰 속의 영상)을 없애며, 야동을 제공할 소지가 있는 교우 관계를 파악해야 하고, 방과 후 누구와 어디서 어떻게 시간을 보내고 있는지 정확하게 알아보고 나서 친구 부모와 함께 대응하는 것이 좋습니다.

무엇보다 중요한 것은 아이와 대화할 때 어떤 상황에서도 기회만 있으면 서로 친해지려고 노력해야 한다는 겁니다. 위기는 또다른 기회라고 하잖아요? 야동으로 인한 위기도 정말 좋은 기회일 수 있습니다. 아이와 새롭게 친밀감과 신뢰 관계를 형성할 기회로 잘 이용하면 좋겠습니다. 학교에서 반 친구들 단체 대화방에 자주 야동을 올리는 아이가 감지될 때, 미리 상담의 물꼬를 터놓으면 분명히 큰 성문제로 비화하는 것을 예방하는 효과가 있습니다.

★ 존중 포인트

야동을 보는 것은 해당되는 아이만의 문제라고 볼 수 없습니다. 앞서 소개했던 『거짓된 친밀감』이라는 책에 보면 포르노에 빠지는 내적 동기를 친밀에 대한 두려움, 버림받았다는 느낌, 이해와 인정의 결여, 고독이라고 정리하고 있습니다. 말하자면 이는 결국 어른들이 아이들을 제대로 지켜주지 못했기 때문에 발생하는 일이란 것이죠. 따라서 야동 보는 아이를 죄인 다루듯 하거나 무관심하게 방치해서는 안 됩니다.

Q 17

여자는
어떻게 자위를 하나요?

대부분의 아이들은 여자의 자위에 대해 많이 궁금해 합니다. 하지만 수업 시간에 여자의 자위에 대해 설명하는 것은 남학생들에게 너무 자극적일 수 있습니다. 수업이 성적인 자극이 되어서는 안 됩니다. 남자와 여자의 자위를 따로 나누지 말고 남녀를 통틀어 일반적으로 설명하는 것이 좋습니다.

앞에서 언급한 것처럼 자위할 때의 주의 사항은 똑같이 적용됩니다. 남녀 공히 야동을 보지 않고 기분 좋은 상상을 하면서 부드럽게 자기 손으로 자기 몸을 만지는 것이 중요합니다. 여기서 유념할 것은 야동의 배우들은 자신을 사랑하는 방법으로서가 아니라 모니터 너머의 고객을 자극하기 위해서 하는 행동이므로 야동을 흉내 내지 말고 자신이 좋아하는 방식으로 자신을 사랑해야 한다는 것입니다.

우연히 스스로 자기 성기를 자극하면서 쾌감을 알게 되는 남성과 달리 여성은 학습된 경험에 의한 것이 많다고 합니다. 남자가 백색막 파열(음경 골절)을 조심해야 하는 것처럼 여자는 질 안에 손가락이나 이물질을 넣지 않아야 질염을 예방할 수 있습니다. 여성의 질염은 만성화 되는 경우가 많습니다.

비속어 수업은 수업을 시작하기 전에 먼저 아이들과
한 가지 약속을 하는 것이 필요합니다.
"비속어는 포스트잇에 글로는 쓸 수 있지만 소리 내어 말할 수는 없어요."
마음껏 욕을 할 수 있는 수업 시간이 되어버리면
다른 문제가 불거질 수 있기 때문입니다.
이 수업은 아이들이 꽤 즐겁게 참여합니다.
십대의 삶과 많이 닿아 있기 때문이겠죠?

비속어를 쓰는 게
뭐가
문제인가요?

비속어

아이들의 일상 언어, 많이 불편하시죠?

Q 18

버스나 지하철에서 아이들이 모여 있는 곳 가까이 있을 때는 슬며시 피하게 되지 않나요? 교사인 저는 아이들의 언어생활이 내 탓인 양 불편합니다. '어떻게 가르치면 달라질 수 있을까?', '어떻게 하면 복도에서 들리는 비속어가 줄어들 수 있을까?', '최소한 소리 높여 누구나 다 듣게 욕하는 것만은 고치게 하고 싶다!' 교사라면 누구나 이런 바람을 가지고 있을 겁니다.

비속어 수업을 하면서 알게 된 사실은 아이들이 뜻도 모르면서 서로 불쾌감만 주고받으며 욕을 사용하고 있더라는 겁니다. 정확한 뜻을 알고 나면 많은 아이들이 욕을 불편해 하면서 줄이거나 사용하지 않게 되었어요. 저는 성과 관련된 비속어 위주로 수업을 진행했지만 SNS나 온라인에서 사용하는 넓은 의미의 언어생활도 함께 다루어 보면 어떨까 생각합니다.

비속어 수업은 수업을 시작하기 전에 먼저 아이들과 한 가지 약속을 하는 것이 필요합니다. "비속어는 포스트잇에 글로는 쓸 수 있지만 소리 내어 말할 수는 없어요." 마음껏 욕을 할 수 있는 수업 시간이 되어 버리면 다른 문제가 불거질 수 있기 때문입니다. 이 수업은 아이들이 꽤 즐겁게 참여합니다. 십대의 삶과 많이 닿아 있기 때문이겠죠? 교사는 내공 부족이 섣불리 드러나지 않도록 수업 전에 새로운 욕에 대한 많은 자료 수집이 필요합니다.

교사 : "다른 말로 바꿀 수 있을까요? 이 장면에서 ⬜ 안을 각자 채워 봅시다."

학생 : "애를 배다 → 아기를 가지다."

교사 : "두 표현의 차이점을 찾아볼까요?"

학생 : (도움 필요) "타인에 대한 존중입니다."

교사 : "네, 그렇죠. 오늘의 주제는 바로 '성을 말하는 바른 언어'입니다.

포스트잇을 1인당 두 장씩 나눠주고 "여러분이 가장 많이 사용하는 욕 두 가지를 적어 보세요." 혹은 "여러분이 가장 많이 들었던 욕 두 가지를 적어 보세요."라고 말하면, "욕이 뭐에요?", "저는 욕을 한 번도 안 해 봤어요."라고 대답하는 아이가 꼭 있습니다. 그러면 교실 분위기가 단번에 냉랭해지죠. 이럴 경우 질문을 조금 바꿔서 해보세요.

"최근에 너무 화가 났을 때 내 입에서 튀어나올 뻔했던 비속어는 무엇인가요?"
"요즘 내가 들었던 비속어 중에 가장 불쾌했던 건 뭔가요?"

이렇게 말이죠. 내가 욕을 했다는 게 아니라 남이 하는 걸 듣거나 하마터면 나도 그런 식으로 할 뻔했던 욕을 적으라는 거니까 내가 욕을 한 게 아닌 거죠. 그러면 욕이 뭔지 모른다거나 욕을 한 번도 안 해 봤다는 학생도 부담 없이 포스트잇을 채울 수가 있습니다.

★ 존중 포인트

안타깝지만 교실 안에도 사회와 마찬가지로 힘의 논리가 지배하고 있습니다. 싸움을 잘하는 아이, 공부를 잘하는 아이, 행동력이 있는 아이, 인기가 많은 아이에게 힘이 집중되어 있죠. 이런 아이들이 수업 중에 큰소리로 욕을 계속 하면 다른 아이들은 위축되거나 반대로 소리 내어 웃어줌으로써 이 아이들의 행동을 정당화 시킬 우려가 있습니다. 당연히 수업 분위기가 어수선해집니다. 이렇게 되면 배움이 일어나는 수업이 어렵습니다. 따라서 비속어를 나눠준 포스트잇에 쓸 수는 있되, 입 밖으로는 소리 내어 말하지 않기를 먼저 약속해야 합니다.

Q
19
최근에 너무 화가 났을 때
내 입에서 튀어나올 뻔했던
비속어는 무엇인가요?

수업 준비물 : 포스트잇(수퍼스티키 - 칠판에 붙였을 때 선풍기 바람에도 날리지 않습니다.), 모둠 칠판, 그리고 교사의 예민함

아이들이 쓴 표현들을 앞으로 가지고 나오게 해 유목화(Categorization, 특정한 사례나 개념이 계열성을 지니도록 분류하는 것)합니다. 신체, 성관계, 성폭력, 그냥 욕, 패드립('패륜적 드립'의 줄임말로 부모나 조상 등 윗사람을 욕하거나

개그 소재로 삼아 놀릴 때 쓰는 말) 등으로 나눕니다. 시대 상황이 반영되기도 합니다.

대개 성관계, 신체, 패드립 쪽이 많이 나옵니다. 흥미롭게 수업을 진행하되, 소리 내어 욕하는 아이 때문에 상처받는 아이가 생기지 않도록 진지한 분위기를 유지해야 합니다.

교사 : "그러면, 자주 사용하는 비속어의 진짜 뜻을 한번 찾아봅시다."

'씨발, 존나, 좆까, 지랄, 엄창' 등 자주 사용하는 비속어의 뜻을 칠판에 적어서 알려줍니다.

◦**씨발** : '씨를 발라주겠다'의 준말, 또는 '씨받이'에서 유래되었다는 설, 혹은 '씨불알'이 '씹알'을 거쳐 변했다는 설이 있음. '남자의 씨를 밟아버리

겠다'가 '씨 밟아'를 거쳐 '씨발'이 되었다는 설도 있음.

　◦ **씨팔** : '창녀들이 씹(여성의 성기)을 판다'고 하여 창년을 일컫는 '씹팔년'이 '씹팔'을 거쳐 '씨팔'로 변했다는 설과 '씨'를 팔 놈에서 유래하여 남창을 일컫는다는 설이 있음. 또한 '씹을 핥다'의 '씹핥'에서 유래되었다는 설과 '씨(자식)를 팔 놈과 년', 즉 자기 자식을 상품으로 거래해 파는 부모에서 유래되었다는 설, 그리고 '씹(성행위)을 한다'하여 '씹할'을 거쳐 '씨팔'로 변했다는 설이 있음.

　◦ **니미씨발** : '니미'는 듣는 이의 어머니를 뜻하므로 자기 어머니와도 성행위를 할 정도로 막돼먹은 인간 말종이라는 뜻.

　◦ **존나** : '좆(남성의 성기) 나오게'가 '좆나게'를 거쳐 '좆나'로 줄어든 뒤 맨 앞 글자의 'ㅈ'받침이 '나'의 'ㄴ'과 동화되어(자음동화) '존나' 또는 '졸라'로 변형된 것. 다시 말해서 '발기할 정도로' 또는 '꼴리게'라는 뜻.

　◦ **좆까** : 군대에서 유래된 욕으로 '선임이 좆으로 밤송이를 까라면 까!'를 줄인 말. 혹은 포경수술을 하지 않은 남자의 성기가 발기하는 것에서 유래된 것이라는 주장도 존재함.

　◦ **지랄** : 뇌전증의 다른 이름인 간질에서 유래해 '간질 걸릴 놈(년)' → '간질할 놈' → '질할' → '지랄'로 변형됨. 뇌전증 증상이 쓰러져서 몸을 떨며 데굴데굴 구르는 등 매우 보기가 안 좋기 때문에 '분별없이 법석을 떠는 행위'를 가리키는 욕.

　◦ **엄창** : '엠창'이라고도 하며 '우리 엄마 창녀'라는 뜻. 뭔가의 사실을 말했을 때 그것의 진실성을 보증한답시고 하는 행위로 내가 말한 게 진실이

아니면 우리 엄마가 창녀라는 사회적 손가락질도 불사하겠다는 의지를 담고 있음.

학생 : "우와~."(크게 놀란다.)

교사 : "여러분, 이런 뜻으로 이 단어를 쓴 거 맞나요?"

학생 : "아니에요. 그 뜻이 아닌데, 그렇게 해석하면 어떡해요?"(강하게 항의해 옵니다.)

교사 : (단호하게) "여러분이 정말 이 뜻으로 한 말이 아니라면 이 단어를 쓰면 안 되는 거예요. 다른 단어를 썼어야 해요."

교사 : (칠판 전체를 가리키며) "여기 적힌 모든 단어들에는 공통점이 하나 있습니다. 찾아 볼까요?"

학생 : (도움 필요) "상대방을 낮추는 말이에요. 상대방에 대한 존중이 없어요. 인정하지 않아요. 성을 비하해요."

교사 : "그렇죠. 나와 남을 낮추고 더 낮추어, 막 대해도 그만인 성이 되게 합니다."

교사 : "자, 이제는 이 단어를 같은 뜻의 바른 언어로 바꾸는 활동을 해 봅시다. 성적 존재로서 나와 타인의 가치를 인정하고 존중하는 다른 단어로 바꾸어 볼까요?"

Q 20 상대방과 나를 존중하는 다른 말로 바꾸어 볼까요?

모둠 칠판을 나눠주고 가장 많이 등장한 단어가 적힌 포스트잇 한 장씩을 고른 후 모둠 구성원들이 다함께 바른 언어로 바꾸는 활동을 한 다음 모둠 별로 이를 발표하게 합니다.

> **모둠 활동 사례**

존나 : 존나 귀여워 → 강아지처럼 귀여워

존나 좋아 → 하늘로 날아갈 듯 기분이 좋아

졸라 잘 생겼다 → 태양에서 빛이 나는 것처럼 잘 생겼다

고자 : 고자 녀석아 → 미래가 어두운 남자야.

(치킨을 시켰는데 다리가 없어)

지랄 : 지랄한다 → 말도 안 되는 소리 한다

　　　이런 지랄 맞은 놈 → 이런 번개 맞을 아이야

엠창, 엄창 : 엠창 걸고 → 방과 후 매점 털기를 걸고,

　　　　　　게임 계정을 걸고,

　　　　　　내 돈을 몽땅 걸고

개또라이 : 개또라이 → 4차원 같네

교사 : "바른 언어로 바꿔 보니 어떤가요?"

학생 : "바꿔지는 게 신기하고 재미있어요."

교사 : "어떤 점이 재미있어요?"

학생 : "나와 상대방을 존중하는 다른 단어를 찾는 게 재미있어요."

실제로 모둠마다 웃음소리가 끊이지 않고 나옵니다.

Q 21 가장 행복했던 순간에 왜 갑자기 그 단어가…

제가 예전에 다니던 피부 관리실에 예쁘장하게 생긴 윤 실장이라는 사람이 있었습니다. 이십대 후반이었는데, 손끝이 야무지고 솜씨가 좋아 고객들에게 인기가 많았죠. 어느 날부턴가 더 화사해지고 행복해 하는 모습이 얼굴에 그대로 드러나더군요. 그래서 어떻게 된 거냐고 물었더니 연애를 시작했다고 대답했어요. 저는 피부 관리를 받는 내내 그녀의 달콤한 연애 이야기를 들어줘야 했어요.

그로부터 두 달가량 지난 어느 날, 말수가 좀 줄었기에 무슨 일이 있느냐고 물었죠. 그랬더니 글쎄 사귀던 남자와 헤어졌다는 거예요. 주말에 도시락을 싸서 남자 친구와 호수공원으로 피크닉을 간 날이었는데, 정말 행복했다고 하더군요. 그런데 말장난을 치며 놀다가 서로 자기 기억이 옳다고 티격태격하게 되었다죠. 그러다가 윤 실장이 자기도 모르게 남자 친구에게 "엄창('우리 엄마 창녀'를 걸고 내가 옳다는 의미로)!" 하고 외쳤데요. 고등학교를 졸업한 뒤로 한 번도 사용하지 않았던 단어인데, 그렇게 행복하고 즐거운 순간에 왜 갑자기 그 단어가 튀어 나왔는지 자기도 모르겠다고 했어요.

이 말을 내뱉은 본인도 당황했지만 듣는 남자 친구는 아연실색하더라는 겁니다. 이후 별 말 없이 잘 놀다가 헤어졌는데, 며칠 뒤에 다시 만난 남자 친구가 그만 헤어지자고 하더랍니다. 자기도 모르게 그런 단어를 사용하는 사람을 미래 자기 아이의 어머니가 되게 할 수는 없다면서….

아이들은 이 이야기를 마치 자신의 이야기처럼 진지하게 잘 듣습니다. 그리고 놀랍게도 그 남자 친구를 칭찬합니다. 좋은 아빠가 될 것 같다고 했습니다.

자기 안에 가득 찬 것이 바깥으로 나오는 것이 말(언어)입니다. 자기 안이 더러운 쓰레기로 가득 차 있으면 입을 열 때마다 냄새가 날 수밖에 없지 않겠어요? 우리는 모두 성적인 존재입니다. 성은 우리가 평생 누리고 살아갈 소중하고 아름다운 것인데, 나와 상대방의 성을 낮추고 더 낮추어 아무것도 아닌 것처럼 습관적으로 비하해 버린다면 과연 우리가 행복할까요? 당연히 그렇지 않겠죠. 바른 언어로 성을 이야기할수록 우리는 더 행복해집니다. 언어 습관은 단시간 안에 고치기 힘들기 때문에 평소에 비속어를 쓰지 않으려고 꾸준히 노력해야 합니다.

Q 22 | 수업 후 달라진 아이들

비속어 수업 이후에 아이들은 기대 이상으로 달라졌어요. 어떻게 달라졌을까요? 아이들이 직접 적어낸 평가서를 보면 수업 이전과 이후를 극명하게 비교해 볼 수 있습니다.

"평소 쓰거나 듣는 욕이 무슨 의미인지는 몰랐는데, 이런 뜻이 있다는 걸 알고 충격을 받았다. 내 언어생활을 돌아보게 되는 수업이었다."

"성과 관련된 욕의 뜻을 배우게 된 것이 가장 좋았다. 뜻도 모르고 썼던 말의 뜻을 알게 된 후 쓰지 않게 되었다."

"평소에 알지도 못하면서 나쁜 말을 쓴 친구들이 많았는데, 이 교육을 받고 난 뒤 나쁜 말을 하는 친구들이 적어져서 가장 기억에 남는다."

"평소에 친구나 내가 뜻을 모르고 사용하다 뜻을 알게 되어 사용하지 않게 되어 좋았다."

"욕에 그렇게 성이 담겨져 있다는 사실을 처음 알게 되어 충격적이었고, 그 수업을 듣고 난 후부터 친구들과 내가 욕을 하는 횟수가 많이 줄어든 것 같아서 기억에 남습니다."

"바른 언어로 성을 이야기하는 수업을 듣기 전에 성에 관한 욕의 뜻도 모르고 썼던 내가 너무 더러운 것 같았다고 생각이 들었고, 이 수업을 듣고 욕을 자제하며 바른 언어로 써야겠다는 다짐이 들어 이 수업이 마음에 들었다."

"욕 수업이 가장 기억에 남는다. 왜냐하면 이 수업을 듣고 욕을 많이 줄이기도 하였고, 욕의 뜻을 알게 되었기 때문이다."

"요즘 우리는 욕의 뜻을 잘 모르고 사용하는데, 욕이 얼마나 더러운 성희롱인지 알게 되었다."

"나는 욕을 그렇게 많이 하는 편도 아니지만, 뜻을 알고 더 하기 싫어졌다. 뜻을 알았을 때 '헐! 내가 하는 욕이 저런 뜻이었어?' 하는 충격을 받아서 더 오래 기억에 남는 것 같다."

"지금 나이 때에 쓰는 나쁜 언어들이 모두 성에 대해 안 좋게 이야기하는 것인데, 자칫하면 내 입에서 그런 단어가 나올 뻔했지만, 이 수업을 통해 좀 더 생각하고 조심스러워진 것 같다."

"욕의 뜻을 알고 욕을 줄이려고 노력하고 있다."

"지금까지 아무렇지도 않게 썼던 욕들 속에 그런 뜻이 담겨 있다는 것을 알고 조금 충격을 받았고, 말을 조심하는 계기가 되었던 것 같다."

"선생님이 욕의 뜻을 풀이해 주셨는데, 그 이후로 애들이 한 명만 욕을 해도 다 같이 뜻을 풀이하면서 그런 말 하지 말라고 해서 큰 변화가 일어날 수 있게 되었다."

임신이 확인된 순간, 주어진 선택지 중에
내가 선택하고 싶은 게 하나도 없을 수 있다는 사실을
정확히 인지하고 있어야 합니다.
본인이 원치 않는 데도 불구하고 상대방이 계속해서 성관계를 요구했을 때
두 사람의 관계를 해치지 않는 범위 내에서
적절하고 지혜롭게 거절하는 방법을 익히는 것이
십대 임신 수업을 디자인한 목적이라고 할 수 있습니다.

십대 임신에 대해
잘 알고
있나요?

Q 23

십대 임신에 대해
잘 알고 있나요?

자식을 낳아 기르는 부모의 입장과 남의 자식을 가르치는 교사의 입장 가운데 가장 크게 차이가 나는 것은 아이들로부터 다음과 같은 질문을 받았을 때가 아닐까 생각합니다. 인터넷 포털 사이트 Q&A에 자주 올라오는 질문이기도 하고, 학교에 따라 차이가 있지만 고등학교에 근무하는 보건교사의 상담 내용 중 많은 비중을 차지하고 있는 질문이기도 합니다.

"임신을 했어요. 어떻게 하는 게 좋을까요?"
"임신했다고 해서 그 사람과 결혼해야 하나요? 싫은데…."
"여자 친구가 임신을 했데요. 콘돔이 찢어지지 않은 것까지 다 확인했는데…."

십대 임신에 대해 무조건 "안 돼! 절대 안 돼!"라고 결론을 내린 다음 훈계하듯 하는 모든 말은 결코 아이들의 마음을 움직이지 못합니다. 아이들은 "뭐가 문제라는 거지?"라는 생각에서 멈춰 있습니다.

일단 임신이 확인된 순간, 주어진 선택지 중에는 내가 선택하고 싶은 게 하나도 없을 수 있다는 사실을 성관계 전에 정확하게 인지하고 있어야 합니다. 또한 본인이 원치 않는 데도 불구하고 상대방이 계속해서 성관계를 요구했을 때 두 사람의 관계를 해치지 않는 범위 내에서 적절하고 지혜롭게 거절하는 방법을 익히는 것이 십대 임신 수업을 디자인한 목적이라고 할 수 있습니다.

그러나 중·고등학교 교사 입장에서 얼핏 생각하기에는 '이런 주제의 수업은 좀 식상하지 않나?', '아이들이 이미 알 건 다 알지 않을까?', '과연 흥미를 잃지 않고 끝까지 집중해 줄까?' 하고 고민이 될 수도 있습니다. 물론 저도 많은 고민을 했지만 예상 외로 아이들은 이 주제에 대해 관심은 많으나 모르는 것이 훨씬 더 많았습니다. 따라서 배움도 아주 잘 일어났죠. 아이들로 하여금 자신들이 잘 모르고 있다는 사실을 먼저 깨닫게 하면, 수업 시간 내내 호기심을 잃지 않고 집중하게 됩니다.

Q 24

십대 임신

십대가 원치 않는 임신을 했을 경우
어떤 선택을
할 수 있을까요?

먼저, 십대는 대개 어떤 경위로 임신에 이르게 되는지를 설명하는 짧은 영상이나 뉴스를 같이 보면 본격적인 수업에 들어가기가 훨씬 수월합니다. 좋은 자료는 조금만 노력하면 쉽게 구할 수 있습니다. 저는 시간 여유가 있을 경우 웹툰을 사용합니다. 청소년이 이성 교제하다가 헤어진 후에 임신 사실을 알게 된 이야기입니다. 남자 친구 역할을 할 지원자 한 명과 함께 상황극 연기를 하면 아이들이 재미있게 상황 안으로 들어갑니다.

상황극 안에서 임신 초기 증상에 대해 아이들과 대화하면서 부연 설명을 해줍니다. 임신 초기에는 자주 졸리고, 소화가 되지 않으며, 미열이 있고, 결정적으로 월경이 없지요. 임신 테스트기의 올바른 사용법에 대해서도 자세히 알려줍니다.

임신 테스트기(임신 자가 진단 시약)는 임신 여부가 궁금할 때 시중에서(약국이나 편의점 등) 쉽게 구입하여 임신 여부를 확인해 볼 수 있습니다. 임신이 되면 융모 생식샘 자극 호르몬(임신 호르몬)이 소변으로 배출되는데, 임신 자가 진단 시약은 이 호르몬에 대한 반응을 보는 것으로 성관계 2주 후부터 확인할 수 있고, 임신 호르몬이 많이 농축되어 있는 아침 첫 소변으로 검사하는 것이 가장 정확합니다. 임신 확인을 빨리 하고 싶은 경우, 또는 보다 더 정확하게 하고 싶은 경우에는 병원에 가면 임신 혈액검사로 성관계 10일 후부터 확인할 수 있습니다.

들어가기 활동을 한 다음에는 질문을 던져 봅니다.

교사 : "십대가 원치 않는 임신을 했을 경우, 과연 어떤 선택을 할 수 있을까요?"
학생 : "선택하고 싶은 게 없어요. 성관계하기 전으로 돌아가고 싶어요."
학생 : "지워요."
학생 : "낳아요."
학생 : "낳아서 버려요…."

모둠 의견으로 '낙태'나 '미혼모' 중에서 한 가지를 선택합니다.

① 이 선택을 한 이유는?
② 이것의 문제점은?
③ 발견한 문제에 대한 해결 방안은?

모둠별로 전지에 마인드맵 형식으로 작성하게 합니다. 이 활동은 모둠 구성원 3~4명이 수행하기에는 조금 어려울 수도 있습니다. 그래서 6명이 한 모둠으로 활동하게 했더니 더 활발하게 이루어졌습니다. 어떤 모둠은 교사의 도움을 더 필요로 하지만, 정답을 찾는 활동이 아니고 아이들이 얼마나 알고 있는지가 드러나게 하는 활동이므로 모둠 구성원끼리 활발하게 소통이 되게끔 유도하는 것이 좋습니다. 대개의 모둠 활동이 그렇듯, 어려운 주제일수록 시간이 흐르면서 차츰 더 활발한 소통이 일어납니다.

◆ **활동 결과물**

교사 : "오늘 십대 임신에 대해 생각해 본 소감이 어떤가요?"

학생 : "너무 몰랐던 것 같아요."

교사 : "그렇죠? 자주 들었던 단어라 많이 알고 있을 것 같았는데, 곰곰

이 생각해 보니 별로 아는 게 없다고 느꼈죠?"

학생 : "네….”

아이들은 이제 십대 임신에 대해 더 궁금해지기 시작했습니다. 호기심이 생겼기 때문에 잘 집중할 거예요.

★ 존 중 포 인 트

뇌 발달이 미숙한 청소년을 대상으로 가치 내면화에 이르는 수업을 하려면 교사가 낸 결론을 주입식으로 전달하기 보다는 학생들이 직접 생각하고 고민해서 스스로 결정할 수 있도록 기회를 주는 것이 좋습니다. 모둠에서 친구의 이야기를 들으면서 나와 상대방의 다름과 같음을 이해하고 배려하는 가치를 깨닫게 됩니다. '아직 어린 네가 아는 것도 없으면서', '어떻게 책임질 건데?', '능력도 없으면서' 이렇게 단죄하는 눈빛이 아닌, '이런 상황에서 어떤 선택을 할 수 있을까?', '어떤 문제가 있을까?', '그 문제는 어떻게 해결할 수 있을까?' 하는 열린 질문으로 아이들이 좀 더 포괄적으로 생각할 수 있게 합니다. 아이들을 잠재적 문제아로 대하지 않고 존중하는 마음으로 수업을 진행합니다.

Q
25
낙태가
얼마나 위험한 건가요?

'낙태(落胎, Abortion)'란 자연분만기 전에 여성의 자궁에서 발육 중인 태아를 인공적으로 제거하는 일을 가리킵니다. 의학적으로는 '인공임신중절' 혹은 '인공유산(Induced Abortion)'이라고 합니다. 태아가 생존 능력을 갖기 이전의 임신 시기에 약물 혹은 수술에 의해 임신을 종결시키는 시술을 일컫습니다.

인공유산은 치료적 유산과 선택적 유산으로 나눌 수 있습니다. 치료적 유산은 의학적, 법의학적으로 합법화된 인공유산입니다. 이에 반해 선택적 유산은 여성의 권리, 즉 인권적 측면에서 행해지는 인공유산으로 오늘날 대부분의 유산이 이 범주에 속합니다. 하지만 선택적 유산은 치료적 유산과 달리 법의 보호를 받지 못했습니다. 모자보건법에서는 원칙적으로 임신중절을 금지하지만 성폭행, 근친상간, 산모의 생명에 심히 위협이 되는 경우 등에 한하여 임신중절을 허용해 왔습니다.

여러 가지 방법의 낙태

낙태 방법을 선택하는 가장 중요한 기준은 임신한 지 얼마나 되었는가 하는 것이지만 나라마다 선호하는 방법은 다릅니다. 낙태법에 따라서 허용하는 방법이 정해진 나라도 있습니다. 낙태가 합법적인 나라에서는 내과 치료(중절약)와 외과 수술 모두 사용되기도 합니다.

내과 치료(중절약)는 임신 7~9주 이전에 복용해야 비교적 안전하고 효과적입니다. 외과 수술과 마찬가지로 메스꺼움, 심한 출혈, 위경련 같은 후유증과 상실감, 슬픔, 우울증 같은 정신적 고통을 겪습니다.

먹는 중절약(미페프리스톤)은 배아(임신 8주 이전까지의 수정란)가 자궁에 착상하는 데 적합하도록 자궁에 막을 형성하는 호르몬의 분비를 억제하고, 자궁에 이미 형성된 막을 파괴하여 출혈을 일으켜 막과 배아가 피와 함께 밖으로 나오게 하는 역할을 합니다.

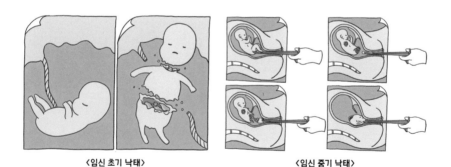

〈임신 초기 낙태〉 〈임신 중기 낙태〉

외과 수술로는 임신 12주 이전에 사용하는 흡인법(자궁 진공 흡인법)과 임신 13~24주에 자주 사용하는 확장 흡인술이 있습니다. 확장 흡인술은 대개 전신 마취를 하는데, 임신 20주가 넘었다면 수술 하루 전에 태아의 심장 박동을 멈추게 하는 주사를 맞아야 합니다.

낙태의 위험성

인공 유산은 다음과 같은 부작용이 발생할 수도 있습니다.

- 인공적 유산 시술 도중 자궁이 천공될 수 있다.
- 자궁근염, 자궁주위염, 복막염, 심내막염, 패혈증 등도 발생할 수 있다.
- 인공 유산 이후의 수정률은 드물게 감염이 합병된 경우를 제외하고는 선택적 유산에 의해 감소하지는 않는다. 여러 번의 소파술(搔爬術, Curettage, 자궁의 내막을 긁어내는 수술)을 시행한 경우에는 전치 태반의 빈도가 증가하는 것으로 보고되고 있다.
- 숙련된 산부인과 의사에 의해 행해진 인공 유산의 경우 임신 첫 2개월 동안 모성 사망률은 10만 명당 0.7명의 빈도로 일어나며 이후 각 2주마다 두 배씩 증가한다. 주된 사망 원인은 출혈과 감염 등이다.

하지만 무엇보다 위험한 것은 대부분의 낙태 수술이 모자보건법 상 보호를 받지 못하는 선택적 유산이기 때문에 안전한 상태가 보장되지 않는, 즉 여성 건강이 심각하게 위협받고 있는 상황에서 음성적으로 행해질 가능성이 많았다는 것입니다. 2018년 12월 한 텔레비전 토론회에 출연한 어떤 산부인과 의사는 낙태가 불법이기 때문에 수련의 기간 동안 대학병원에서 낙태 시술을 배울 기회가 별로 없어 훈련을 제대로 받지 못한 상태로 환자를 만나게 된다면서 이와 같은 의사의 미숙함은 여성의 건강권을 심각하게 위협하고 있다고 고백했습니다.

2007년 2월, 낙태 수술을 67차례나 실시한 혐의로 유죄를 선고받은 산부인과 의사 A씨는 "임산부의 자기결정권 침해로 위헌"이라며 헌법소원을 냈습니다. 형법상 낙태죄에 대한 여론의 찬반 대립이 팽팽한 가운데 2019년 4월 11일 헌법재판소는 낙태를 처벌하도록 한 형법 규정에 대해 '헌법불합치' 결정을 내렸습니다. 헌법 불합치는 해당 법 조항이 헌법에 위반되지만, 즉시 효력을 잃으면 법적 공백이 생겨 사회에 혼란이 생길 수 있으므로 법 개정에 시한을 두는 것을 말합니다. 이로써 국회는 2020년 12월 31일까지 낙태 관련법을 개정해야 합니다. 만약 국회가 개정안을 형법에 반영하지 않으면 낙태죄는 위헌으로 그 효력을 상실합니다.

Q
26

낙태는 정말
한 생명을
죽이는 행위일까요?

낙태 문제는 성에 대해 아이들과 대화할 때 가장 조심스럽게 접근해야 할 주제임에 틀림없습니다. 하지만 아무리 조심스럽게 설명해도 아이들은 큰 충격을 받습니다.

어느 날 7교시에 낙태에 대한 수업을 한 직후였습니다. 한 남자 아이가 종례 시간이 다 되었는 데도 엉엉 큰소리를 내면서 울음을 그치지 않았습니다. 그 아이로 인해 학급 전체 분위기가 숙연해졌습니다. 아이가 진정된 후에 물어 보니, 아기의 의사는 무시한 채 부모가 자기 편의로 생명을 죽이는 것이 너무 잔인하고 불쌍해서 울었다고 했습니다. 낙태에 대해서는 어떻게 수업해도 아이들이 충격을 받기 때문에 가급적 잔인하지 않게 진행하는 것이 좋습니다. 따라서 낙태 수술 영상을 보여주는 것보다는 그림으로 설명하는 것이 낫습니다.

태아에게 생명권이 있나요?

"낙태는 정말 한 생명을 죽이는 행위일까요? 아니면 단순히 몸속의 작은 혹 하나를 떼어내는 정도의 행위에 불과할까요?"

"태아의 성장을 일부러 멈추게 하는 것은 도덕적으로 잘못된 일일까요? 낙태를 법으로 규제하여 태아를 보호해야 하는 걸까요?"

"임신을 확인한 여성이 엄마가 될지 말지를 스스로 결정할 수 있게 하는 것이 옳은가요?"

"엄마의 사정과 관계없이 전적으로 엄마에게 의존하며 자궁 속에서 살아갈 수밖에 없는 태아의 생명을 보호하는 것이 우선일까요?"

이와 같은 질문은 낙태를 옹호하는 입장이나 반대하는 입장 사이에서 참으로 오랫동안 지속되어 온 논쟁거리이기도 합니다. 법적으로 혹은 종교나 철학적으로 이에 대한 견해들은 굉장히 다양하고 이를 가만히 귀 기울여 들어보면 저마다 일리가 있는 주장들입니다. 모둠 활동을 통해 학생들끼리 이에 관해 토론하면서 여러 가지 의견을 제시해 보도록 하는 것도 좋습니다. 아울러 생명의 시작을 무엇으로 볼 것인가에 대한 논의도 해볼 만합니다.

우리나라에서는 수정란이 자궁벽에 착상하는 순간부터 임신이라고 하지만, 이보다 앞선 수정란, 배아부터 생명의 시작으로 보는 나라도 있습니다. 아이들은 이에 대해 어떻게 생각하는지 물어봐 주세요. 성관계 후 습관적으로 응급피임약(사후피임약)을 복용하는 청소년도 있다니 말이에요.

낙태와 생명 윤리

거의 모든 종교에서 낙태는 인간의 존엄한 생명을 해치는 비윤리적 행위로 보고 있습니다. 독립된 생명체인 태아를 고의로 없애는 행위를 명백한 살인으로 규정하고 이를 금하는 종교가 있고, 비록 옳은 일은 아니지만 불가항력적인 경우도 있기 때문에 각자 개인이 판단해서 할 일이라며 소극적으로 이를 반대하는 종교가 있을 뿐입니다.

가장 완고한 입장을 가진 종교는 가톨릭교회입니다. 1968년 교황 바오로 6세는 올바른 산아 조절에 관한 회칙 「인간 생명」을 반포합니다. 이 문헌을 통해 낙태에 반대하는 교회의 전통적 입장을 재확인하는 한편, 인공적 피임은 반생명적이기 때문에 배격해야 한다고 못 박았습니다. 산아를 제한해야 할 정당한 이유가 있다면 생식 능력에 내재하는 자연주기를 이용해 출산을 조절하라고 권고했습니다. 가톨릭교회의 '낙태와 인공 피임 반대' 입장을 확고부동하게 굳힌 것이 바로 이 문헌입니다. 이후 수많은 논란과 저항에도 불구하고 가톨릭교회의 입장은 번복되지 않았습니다.

반면 배아나 태아를 독립된 생명체로 보지 않는 시각도 있습니다. 태아의 주요 기관이 아직 형성되기 이전인 임신 초기의 경우, 태아 역시 다른 세포들처럼 엄마의 몸 안에서 산소와 영양분을 공급받으며 살아가는 단순한 세포에 불과할 뿐이라는 겁니다. 스스로 생각하거나 자신의 의지로 무언가를 할 수 없는 존재이며, 마음이나 정신 또는 영혼 같은 인간만이 가질 수 있는 특성을 갖지 못한 불완전한 개체라는 것이죠. 따라서 임신부가 여러 가지를 고려해 낙태를 결정하더라도 도덕적이나 윤리적으로 문제될 게 없다고 생각합니다.

하지만 낙태에 반대하는 사람들도 모든 경우를 막론하고 일률적으로 낙태는 살인인 까닭에 금해야 한다고 주장하지는 않습니다. 낙태에 찬성하는 사람들 역시 도덕과 윤리를 무시하고 언제 어디서나 낙태를 허용해야 하며, 아무런 거리낌 없이 낙태를 해도 된다고 주장하는 것은 아닙니다. 법, 종교, 도덕, 윤리 이외에도 구체적인 상황과 임신부의 처지, 그리고 신체와 정신 건강, 가족과 인간관계 등 고려해야 할 사항들이 많기 때문입니다.

낙태죄라는 명백한 기준이 없어지면 생명윤리를 경시하는 풍조가 생겨날 것을 우려하는 목소리가 높아지고 있습니다. 천주교 서울대교구장 염수정 추기경은 "여성들에게 고통을 주는 것은 형법의 낙태죄 조항이 아니라 낙태로 내몰리는 여러 가지 상황"이라며 "낙태 합법화는 여성에 대한 진정한 배려가 아니고, 국가와 사회는 임신한 여성과 태아 모두를 지켜내기 위해 건강한 출산과 양육을 돕는 제도를 강화하면서 여성과 남성 모두의 동일한 책임으로 받아들이는 문화를 정착시켜야 한다."고 말했습니다.

Q 27 미혼모와 미혼부를 어떤 시각으로 바라봐야 하나요?

미혼모와 미혼부를 다루는 수업은 교사나 학생들 모두 마음이 무겁습니다. 원치 않는 임신과 출산이 가져다주는 참담한 현실 앞에 마주서야 하는 까닭입니다. 하지만 힘들다고 해서 외면할 수는 없습니다. 수업에 앞서 아이들에게 짧은 영상을 보여줍니다. 미혼모를 다룬 다큐멘터리 영상입니다. 유튜브에서 쉽게 구할 수 있습니다.

대개의 영상은 보호시설에 머물고 있는 십대 임신부나 막 출산을 마친 십대 산모와의 인터뷰를 소개하고 있습니다. 가명에 음성 변조까지 했지만 목소리는 앳되기 그지없습니다. 그중 한 영상에 등장한 임신 7개월째인 18세 소녀의 이야기는 다음과 같았습니다.

소녀 : "아기가 꿈틀꿈틀 거려요."

기자 : "그럴 때 기분이 어때요?"

소녀 : "좋죠. 그냥 좋아요."

기자 : "몸속에서 아기가 커 가는구나 하고 느낄 때 어떤 생각이 들어요?"

소녀 : "미안하죠. 키울 수 없으니까… 못 키우니까… 그래서 미안해요."

뱃속에서 아기가 커 가는 것을 느끼는 이 소녀는 출산과 더불어 보호시설을 떠날 예정이라고 했습니다. 입양을 결심했기 때문입니다. 소녀의 대답에 눈물이 가득합니다.

"처음에는 양육하고 싶어서 여기에 왔는데, 아빠랑 이야기하고 언니랑 이야기하다 보니까 키울 여건이 안 돼서… 학교 문제도 그렇고, 돈 문제도 그렇고… 집안이 부유했다면 혼자 키우겠다고 떼라도 쓰겠는데…."

십대 미혼모들에게 양육과 입양 문제는 출산 못지않은 고통입니다. 모성애는 있지만 양육이 불가능한 까닭입니다. 경제적인 문제 때문이죠. 뜻하지 않는 임신으로 집과 학교와 사회로부터 모두 외면당한 아이들은 극심한 빈곤에 시달리고 있습니다. 그나마 보호시설에 있는 동안은 의료비, 식비, 분만비 등이 지원되지만 보호시설을 나가는 동시에 모든 지원은 끊겨 버립니다. 보호시설에 머물 수 있는 기간은 분만 전후를 합해 1년이 전부입니다. 아이들은 부모나 학교나 사회로 되돌아갈 수가 없습니다. 제 몸 하나도 책임질 수 없는 십대 미혼모들에게 임신과 출산은 감당할 수 없을 만큼 무거운 짐입니다. 대부분의 남자 친구는 여자 친구가 임신했다는 사실을 알게 된 순간 혹은 출산에 이르는 과정에서 어디론가 자취를 감춘 뒤 연락을 끊어 버립니다. 자신이 낳은 아이를 양육하지 못하고 입양 보낸 경우 산모는 평생 생모증후군(Birth Mother Syndrome, 생모가 겪는 외상 후 스트레스증후군의 일종으로 우울증, 자기학대, 자존감 상실 그 외에 이유 없이 앓는 신체적 질병)을 앓을 가능성이 높다고 합니다.

혼자서 아이를 양육하며 열심히 살고 있는 스무 살 미혼모를 다룬 영상을 시청하고 나서 질문을 던져 봅니다.

교사 : "이 사람은 지금 누구를 위해 살고 있나요?"

학생 : "아이를 위해 살고 있어요."

교사 : "자기 시간 속에 자기 자신을 위한 시간이 있나요?"

학생 : "없어요."

교사 : "낙태를 하고 아무 일 없었다는 듯이 사는 사람과 비교했을 때 누가 더 책임 있고 사랑이 많은 사람인가요? 이 사람이 다른 사람으로부터 이상한 시선이나 손가락질을 받아야 하나요? 여러분은 주변에서 혼자 미혼모, 미혼부로서 아이를 키우는 사람을 어떻게 바라보는 것 같아요?"

학생 : (대답)

교사 : "우리는 최선을 다해서 이 사람들을 도울 수 있어야 합니다. 수많은 난관과 어려움이 있는 줄 뻔히 알면서도 어린 나이에 아이를 낳아 키우려고 애쓰는 부모들을 따뜻한 시선으로 바라봐 주고, 자그마한 도움의 손길이나마 내밀 수 있어야 합니다. 그리고 우리 사회는 이런 미혼모와 미혼부들이 계속 학업을 이어가며 자립해서 살 수 있는 환경과 여건을 더 많이 만들어 주어야 합니다. 어떤 연유와 경로를 거쳤든지 이 세상에

태어난 한 생명은 다 같이 존중받아야 할 소중한 존재이기 때문입니다."

베이비박스(Baby Box)

〰〰〰〰

부득이한 사정으로 아이를 키울 수 없게 된 부모가 아이를 두고 갈 수 있도록 마련된 상자를 가리킵니다. 주로 아이를 양육하기 어려운 미혼모와 미혼부들이 이용하는 걸로 알려져 있습니다. 갓 태어난 아이를 쓰레기봉투에 넣어 버리거나, 아이를 그대로 방치해 사망에 이르게 하는 등 반인륜적 사건이 다수 발생하고, 버려지는 아이들의 숫자가 점점 늘어나는 사회적 추이에 따라 이를 방지하고자 만들어졌습니다. 우리나라를 포함한 미국, 독일, 체코, 폴란드, 일본 등 약 20개국에서 운영되고 있다고 합니다. 베이비박스에 남겨진 영아들은 경찰 조사 등을 거쳐 보육원으로 보내집니다. 베이비박스와 관련해서는 아이들의 생명을 구하고 인간답게 살 권리를 보장하기 위해 운영할 수밖에 없다고 찬성하는 입장이 있는 반면, 아이를 마음 놓고 버릴 수 있는 환경이 조성되는 것이라며 반대하는 입장이 있습니다.

낙태와 미혼모에 관한 수업을 할 때는 영상을 많이 보여주게 되는데, 이는 아이들이 각기 다른 선택을 했을 때 이후의 삶이 어떻게 전개되는지 현실을 보여주고 싶어서입니다. 그나마 이런 영상을 남의 일로 볼 수 있는 지금이 천만다행이기 때문에 연민의 마음으로 수업했던 것 같습니다.

스마트폰 채팅방에서 만난 고등학생과 헤어진 뒤 임신 사실조차 모르고 있다가 출산한 여중생이 자기 집 화장실에서 아이를 낳아 죽인 영상, 임신했다고 집에서 쫓겨나 더러운 방에서 혼자 살면서 임신 5개월이 넘어서까지 낙태를 망설이는 스무 살 여성의 삶을 소개한 영상, 낙태 수술로 인한 합병증으로 사망한 여고생에 대한 영상, 같은 남자에게 두 번이나 배신당한 스무 살 먹은 엄마가 두 딸과 함께 힘겹게 그러나 최선을 다해 살아가고 있는 영상, 재택 근무하는 엄마 옆에서 놀아 달라며 칭얼거리는 애정에 목마른 아기의 영상, 열일곱 살 여고생 엄마가 출산한 지 한 달 만에 우유와 기저귀 값을 감당 못해 아기를 입양 기관에 데려다 주러 가는 영상, 뱃속에 아기가 있지만 돈이 없어 싸고 양 많은 불량식품으로 배를 채운다는 미혼모의 인터뷰 영상 등을 함께 시청했습니다. 아이들은 화면에서 시선을 떼지 못하며 훌쩍였습니다. 영상을 보면서 느꼈던 이런 깨달음들이 내가 그 같은 선택을 해야 할 상황에 놓이게 되었을 때 또렷이 기억나기만을 간절히 바랄 뿐입니다.

★ 존중 포인트

수업에 참여한 학생 중에는 미혼모나 미혼부의 아이가 있을 수도 있습니다. 어려운 상황에서도 생명을 지켜냈고 책임 있게 살아가는 자신의 부모에 대해 생각해 볼 수 있는 시간이 되면 좋겠습니다. 교사는 혹시라도 이 학생이 상처를 받지 않도록 관심을 기울여야만 합니다.

십대 임신

남자 친구가 자꾸
성관계를 요구하는데,
어떻게 해야 하나요?

십대 임신 마지막 시간입니다. 십대가 위험한 성경험(낙태, 미혼모, 입양, 베이비박스)을 하지 않게 할 방법, 혹은 가능한 한 미룰 수 있는 방법이 없을까요? 인터넷 포털 사이트의 Q&A를 검색하다가 이 주제의 수업에 필요한 적당한 사례 하나를 발견했습니다.

교사 : "우리는 지난 3시간 동안 십대 임신에 대해 배웠습니다. 아직 부모가 될 준비가 되지 않은 상태에서 성관계를 할 경우 십대는 어떤 위험한 경험을 할 수 있나요?"

학생 : "낙태, 미혼모, 베이비박스에 버리기, 입양이요."

교사 : "그동안 우리는 원하지 않는 임신의 결과 내가 선택할 수 있는 것과 문제점에 대해서도 생각해 봤어요. 아마 여러분 마음속에 십대 임신에 대해 마침표 혹은 느낌표 하나씩은 생겼을 거예요. 이제 몇 년 후면 여러분에게 좋아하는 사람이 생길 수 있어요. 그런데 그 사람은 이런 문제에 대해 고민해 본 적이 없었나 봐요. 자꾸 성관계를 하자고 해요. 나

는 아직 준비가 안 됐는데, 남자 친구가 성관계를 요구할 때 어떻게 해야 할까요?"

학생 : (이 질문에 학생들은 대개 침묵합니다. 선뜻 대답하지 못합니다. 연습인데도 대답하지 못하는 것을 보면 실제 상황에서는 어떻게 할까요?)

교사 : "만약 여러분이 그 상황이라면 누구에게 먼저 고민 상담을 하고 싶어요?"

학생 : (도움 필요) "부모님이나 선생님이요."

교사 : "이 분들의 공통점이 뭔가요?"

학생 : "믿을 수 있어요. 좋은 방법을 알려 주실 것 같아요."

교사 : "네, 신뢰할 수 있고, 진심으로 여러분의 행복을 바라고 있는 사람에게 물어봐야겠어요. 그런데 현실에서 이런 상황이 되었을 때, 부모님께 바로 물어보기가 쉽진 않을 수도 있겠죠? 그래서 이 사람은 인터넷에 상담 글을 올렸어요. 우리가 한 번 상담가가 되어서 이 사람의 고민에 답을 해보겠습니다. 답 글을 다는 사람은 자기의 답 글이 고민하는 친구에게 어떤 글이 되길 원하나요?"

학생 : (도움 필요) "채택이 되길 바라요."

교사 : "그렇죠. 고민하는 친구에게 도움이 되는 글이 되길 바라지요. 고민자의 마음을 움직이려면 어떻게 써야 할까요?"

학생 : (도움 필요) "고민을 이해해 주고 공감해 줘요."

교사 : "네. 그렇다면 상대방의 고민을 공감해 주고 비난하지 않으면서

부드럽게 설득하는 글을 써 봅시다."

안녕하세요? 일단 소개를 하자면 저는 열아홉 살(고3) 여자고요.

남자 친구는 스물다섯 살(직장인)입니다. 사실 이런 거 올리는 거 좀 쪽팔

리지만…

사귄 지 한 달? 좀 넘었어요.

그런데 수능 끝날 때까지 기다릴게 하면서 약속까지 했는 데도

자꾸 관계를 요구해요. 저도 가끔은 '할까?'라는 충동이 들기도 하는데,

그래도 일찍 하면 좋을 거 없다는 친구의 말을 들어서 좀 더 지켰으면 좋겠

거든요.

친구들 중 한 명에게 차 있고, 돈 있는 남자가 뭐 하러 고딩을 만나겠느냐는

말을 듣고는

남자 친구한테 왜 나랑 사귀냐고 물었더니 좋으니까 그렇다고 대답을 해주

었어요.

아, 암튼… 저는 어떻게 하는 게 좋을까요?

활동지에 자신의 생각을 담아 답 글을 작성할 수 있게 합니다. 헤어짐을
권하는 답 글이 압도적으로 많습니다. 먼저 짝과 바꿔 읽게 하고, 앞뒤 짝
과도 바꿔 읽게 합니다.

"헤어지세요. 진정으로 당신을 존중하는 남자는 당신의 의견을 존중해 주고 끝까지 기다려 줄 겁니다. 사귄 지 한 달 밖에 안 됐는데, 자주 성관계를 요구한다면 이건 성욕에 미쳐 질문자님을 어떻게 해보려고 사귀었다는 것으로밖에 생각이 들지 않네요. 게다가 직장인이면(철컹철컹) 그리고 질문자님이 이제 곧 성인이라지만 임신을 했을 때 책임질 수 있는 나이가 아니지 않나요? 저는 헤어지기를 바라지만 선택은 질문자님에게 달려 있습니다. 잘 생각해 보고 신중하게 행동하세요."

"일단 아직은 청소년이기 때문에 관계는 안 하는 게 좋을 것 같아요. 만일 남자 친구가 강제로 요구한다면 신고하세요. 그리고 성관계하기 적절한 시기는 성인이 된 다음 이성과의 연애 경험이 오래되고, 이 사람이랑 결혼해도 되겠다고 생각할 때 하시는 게 좋을 것 같아요."

다음과 같이 심폐소생술 수업을 예로 들어 설명하면 좋습니다.

교사 : "여러분, 2010년부터 심폐소생술 가이드라인에서 순서가 바뀌었다고 했어요. '의식 확인 → 119 신고한 후에 인공호흡 → 가슴 압박'이 아니라 '가슴 압박 → 인공호흡'으로 바뀐 이유가 뭐라고 했나요?"

학생 : "입술을 마주대고 호흡하는 것이 꺼림칙해서 머뭇거리는 동안 생명을 살리는 데 중요한 4분이 지나가 버리기 때문에 빨리 가슴 압박부터 해야 된다고 했어요."

교사 : "그렇죠. 가슴 압박 시 손의 위치와 횟수 30회에 집중하다 보면 이 사람을 살리고 싶은 마음이 강해져서 나의 꺼림칙한 느낌을 잊어버리게 된다고 했습니다. 그러고도 불편하면 인공호흡은 건너뛰고 가슴 압박만 계속해도 된다고 배웠죠? 이것과 비슷합니다.

저 사람을 너무 좋아하는데, 나한테 성관계만 요구하지 않으면 다 좋은데, 그 말 때문에 헤어지자고 말하기가 어려워서 머뭇거리는 동안에 일이 터질 수 있어요. 술을 마시거나 두 사람만 있게 되거나 분위기에 휩쓸리거나 하면 말이에요. 원치 않는 요구를 잘 거절할 수 있는 방법이 있어요. 함께 생각해 봅시다."

어떻게 거절하면 두 사람의 관계를 해치지 않고
잘 거절할 수 있을까요?

교사 : "두 사람의 관계를 해치지 않고 거절할 수 있는 방법을 한번 찾아봅시다. 이 활동은 '나 전달법'으로 할게요. '나 전달법'이 뭐죠?"

학생 : (도움 필요) "＿＿＿＿＿＿"안에 직접 말하듯이 글을 쓰는 것으로, 상대방을 비난하지 않고 나의 감정과 느낌을 담아서 표현하는 의사

소통 방법이에요."

교사 : "네, 모둠 구성원들 모두가 동의하는 의견으로 만들어 봅시다."

누군가를 도와준다는 생각에 아이들은 아주 열심히 소통하며 답변을 만들어냅니다. 작성이 끝나면 돌아가며 발표하게 하고, 시간 여유가 있으면 스티커를 한 장씩 나눠준 다음 '이 말 정도는 내가 할 수 있을 것 같다.'에 투표하게 합니다. 명료화 단계를 반복하는 것입니다.

> **모둠 활동 사례**

"아직은 서로에게 책임을 질 수 없으니까 좀 더 신중하게 생각하는 것이 좋을 것 같아. 아직은 알아가는 단계잖아?"

"오빠, 우리가 조금 더 서로에 대해서 깊게 알고, 더 깊은 사랑이 싹틀 때까지 기다려 줘. 혹시 나중에 하게 된다면 서로에 대해서 잘 알아야 존중과 배려도 잘할 수 있다고 생각해. 기다려 줄 수 있지?"

"오빠, 우리 결혼하고 하면 안 될까? 왜냐하면 나는 아직 미성년자잖아? 나 오빠 사랑하는 거 알지? 나 오빠 믿어. 우리 결혼하고 하자."

"오빠, 나는 오빠가 나한테 성관계를 요구할 때마다 당황스럽고 난처해. 그래서 나는 오빠가 내 나이를 생각하고 이해해 줬으면 좋겠어."

"오빠, 나는 지금 준비가 안 됐어. 내가 학생이라는 걸 이해해 주길 바랄게. 그리고 오빠랑 나는 결혼할 사이도 아니잖아? 우리 순수해지자."

"나는 아직 수능이 남았고, 또 나는 꿈을 위해 갈 길이 아직 멀었는데… 그리고 아직 때도 아니고, 나 또한 역시 어려."

"오빠, 나는 오빠가 그렇게 말해서 난감하고 조금 기분 나빠. 날 존중해주고 진짜로 사랑해 줬으면 좋겠어. 그리고 오빠가 좀 더 신뢰가 가고 책임질 수 있었으면 좋겠어."

"나이도 생각해 주고, 아직 어려서 아이를 낳아도 책임질 준비가 안 됐어. 나는 오빠가 나를 성관계하기 위해 만나는 것 같다는 생각이 들어서 속상해. 우리 둘 다 아이를 책임질 준비가 되었을 때 성관계를 하는 게 좋을 것 같아."

교사 : (모둠 발표 시 적절한 때를 봐서) "처음에는 성관계에 동의했지만 중간에 마음이 바뀔 경우에는 어떻게 하는 게 좋을까요?"
학생 : "그래도 되나요?"

교사 : "그럼요! 내 마음이죠. 마음이 바뀔 수 있어요. 인터넷으로 옷을 샀다가 마음에 들지 않으면 취소할 수 있는 것과 똑같아요. 법적으로도 인정이 됩니다. 성적자기결정권은 언제든 유효합니다."

학생 : "어떻게 말해요?"

교사 : "방금 여러분이 한 것처럼 나 전달법으로 말해 보세요."

학생 : "오빠… 갑자기 무서워졌어. 그만 할래. 멈춰줘."

교사 : "어떻게 표현해요?"

학생 : "단호하게요!"

교사 : "그렇죠. 상대방을 탓하거나 비난하지 않고 단호하게, 아주 잘했습니다."

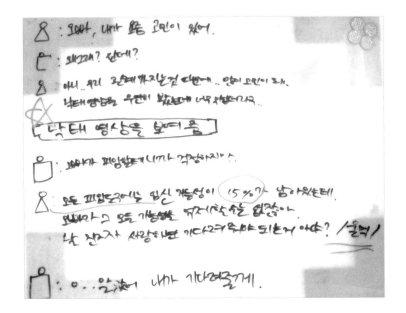

참여 활동이 잘 이루어지고 있는 한 모둠에서 교사가 학생들에게 "남자 친구가 '내가 피임할 테니 걱정하지 마'라고 대답하면 어떻게 할 거예요?" 라고 질문하자, 앞페이지 하단의 글에서와 같이 지혜롭게 풀어냈습니다.

2013년 5월 16일 영국 북부의 작은 도시 선덜랜드에서 마라톤 대회가 열렸습니다. 그런데 경기가 끝난 뒤 우승자 1명을 제외한 참가자 5,000여 명 전원이 실격을 당했습니다. 우승자는 정해진 길을 따라 잘 달렸지만 1등과 2등의 간격이 너무 컸기 때문에 3등은 2등을, 4등은 3등을 그냥 따라가기만 했습니다. 모두 앞사람의 등만 보고 달린 겁니다. 마라톤에서 방향 지시를 알려주는 것은 도로 위에 세워둔 빨간 삼각뿔 기둥입니다. 1등과 간격이 멀리 떨어진 2등은 빨간 삼각뿔 기둥을 착각한 나머지 너무 일찍 곡선 주로를 돌아버렸습니다. 그로 인해 2등 뒤만 졸졸 따라오던 모든 참가자들이 한꺼번에 실격을 당하고 만 것입니다. 안타깝지만 경기는 되돌릴 수 없었습니다. 흔히 우리 삶을 마라톤에 비유합니다. 하지만 마라톤은 경기가 다 끝나야 자신이 실격당한 걸 알 수 있습니다.

친구나 주변 사람들은 "피임하면 돼", "너는 왜 쟤랑 성관계 안 해?", "진짜 좋아하는 게 아닌가 봐?" 하면서 은근히 성관계를 부추깁니다. 경험해 본 사람일수록 더 그렇습니다. 빠른 성경험이 아주 멋진 것이라며 부풀리기도 합니다. 왜 그럴까요? 꼬리 잘린 여우를 생각해 봅시다. 나한테는 이미 없어진 것을 남들이 가지고 있는 게 부럽기 때문아닐까요?

성경험을 할지 말지는 앞으로 내 삶에 아주 큰 영향을 미치는 중요한 결정입니다. 내 행복에 대해 크게 관심이 없는 주변 사람의 말에 현혹되지 말아야 합니다. 부모님이나 나를 진정으로 사랑하는 믿을 만한 어른과 상의해야 하고, 그런 사람이 없다면 유혹이 지나가길 기다려야 합니다. 내가 너무 흥분했을 때에는 안개가 낀 것처럼 정확하게 볼 수 없습니다. 흥분이 가라앉고 잘 볼 수 있을 때, 비로소 중요한 결정을 하는 것입니다. 그리고 내가 결정한 것은 내가 책임질 수 있어야 합니다. 행동에는 반드시 상응한 책임이 따르기 때문입니다.

이 활동은 중학생을 대상으로 한 '만약 고등학생 때 이런 일이 생긴다면?'에 대한 수업입니다. 고등학생을 대상으로 '원치 않는 성관계 요구에 지혜롭게 잘 대처하기'를 목표로 수업하고 싶다면 교사의 의도를 드러내지 않고, 다음과 같이 진행해 보길 권해드립니다.

"성관계는 언제 어디서 누구랑 어떻게 하고 싶은가요?"

모둠에서 함께 토의하여 작성하도록 하되, 남녀 별도로 구성된 모둠 활동을 해보세요. 서로의 다름을 인식하는 좋은 기회가 될 수 있습니다. 시뮬레이션으로 미리 한 번 깊이 생각해본 경험이 갑작스러운 상황에 반사적으로 적용될 수 있습니다.

초등학교 5, 6학년의 경우에는 '상대방의 부적절한 요구 거절하기'로 바꾸어 수업하길 권해드립니다. 고민 상담을 요청하는 글 부분에는 다음과 같은 사례를 넣으면 됩니다.

남자 친구가 자꾸 사진을 요구해요.

평범한 셀카 사진이 아니고, 신체 주요 부위를 찍은 사진을 보내 달라는 데…

인터넷에 떠돌 수도 있다는 생각에 걱정이 되는데, 어떻게 대처해야 할지 모르겠어요.

도와주세요. 참고로 저는 초등학생, 남자 친구는 중학생입니다.

★ 존 중 포 인 트

이 수업은 자칫 잘못하면 남자는 가해자, 여자는 피해자로 대립 구도가 형성될 수 있습니다. 또한 남자는 오로지 성관계만을 목적으로 여자를 사귀는 것처럼 오해를 불러일으킬 수도 있습니다. 잘못된 성관계로 인한 모든 불이익과 육체적 정신적 피해는 전적으로 여성의 몫이라는 인식을 갖도록 해서는 안 됩니다. 성관계는 남녀 모두의 이성적 판단과 합리적 합의에 의해 이루어지는 것이며, 이에 대한 책임 역시 남녀 모두에게 있다는 걸 바르게 인식할 수 있는 수업이 되어야 합니다. 남자는 여자에 대해, 여자는 남자에 대해 좀 더 깊은 이해와 배려를 갖게 되는 수업이어야 합니다. 남자와 여자는 서로 존중함으로써 좋은 관계를 만들어 가야 하는 인생의 동반자인 까닭입니다.

"성경험을 할지 말지는 앞으로 내 삶에 아주 큰 영향을 미치는
중요한 결정입니다. 내 행복에 대해 크게 관심이 없는
주변 사람의 말에 현혹되지 말아야 합니다.
부모님이나 나를 진정으로 사랑하는 믿을 만한 어른과 상의해야 하고,
그런 사람이 없다면 유혹이 지나가길 기다려야 합니다.
내가 너무 흥분했을 때에는 안개가 낀 것처럼 정확하게 볼 수 없습니다.
흥분이 가라앉고 잘 볼 수 있을 때, 비로소 중요한 결정을 하는 것입니다.
그리고 내가 결정한 것은 내가 책임질 수 있어야 합니다.
행동에는 반드시 상응한 책임이 따르기 때문입니다."

중학생이 되면 벌써 여러 명과 교제했던 아이도 있게 마련이지만
이성 교제의 경험이 전혀 없는 학생들이 더 많습니다.
이런 아이들과 불쑥 이성 교제에 대해 이야기하자고 하면
자칫 마녀사냥이 될 가능성이 있습니다.
네가 이성 친구를 사귀니까 말해 보라거나
진도는 어디까지 나갔느냐는 식이 되어 버리면
수업이 폭력일 수 있습니다.

이성 교제,
그냥 모른 척 하는 게
좋을까요?

이성 교제

이성 교제에 대해 아이들은 어떤 생각을 갖고 있을까요?

색깔로 표현한다면 사춘기의 이성 교제는 어떤 색깔일까요? 경기도 보건 교사들의 수업 연구 모임인 위풍당당 성교육 동아리에서 함께 활동하고 있는 천아영 선생님이 2018년에 초등학교 5, 6학년 아이들을 대상으로 이성 교제의 장점을 물어보았습니다.

"내 편이 생긴다."
"뭐든지 다 해준다."
"외롭지 않다."
"아내를 얻는다."
"같이 하고 싶은 것을 할 수 있다."
"학교생활이 더 행복하다."

미소가 지어지지요? 그런데 이성 교제의 단점에 대해 물었더니 다음과 같은 대답이 돌아왔습니다.

"이성 친구에게 관심을 많이 줘야 한다."

"친구들의 오해를 받는다."

"돈을 많이 쓴다."

"공부가 머리에 들어오지 않는다."

"집착과 상처가 생긴다."

"헤어지면 친구도 어렵다."

"스킨십을 해야 한다."

"싫어하는 것을 해야 한다."

자, 어떤가요? 조금 염려스럽기도 하죠? 이성 교제를 수업이라는 공적인 공간에서 다뤄야 할 필요가 여기에 있습니다.

요즘 아이들에게 이성 교제는 자연스러운 문화입니다. 텔레비전을 켜거나 인터넷에 들어가면 온갖 연애 이야기들이 쏟아져 나오니까요. 우스갯소리로 미국 드라마에서 경찰은 범죄자를 찾아내고 의사는 어려운 병을 고치지만 한국 드라마에서는 경찰도 연애하고 의사도 연애한다는 이야기까지 있습니다. 그러니 미디어 세대인 우리 아이들도 자연스럽게 연애를 합니다. 이성 친구끼리 서로 의지하면서 힘든 청소년기를 행복하게 지나갈 수 있다면 얼마나 좋겠습니까? 하지만 현실은 그리 녹록치 않습니다. 어디까지가 자연스러운가 하는 게 문제죠. 좋아하는 사이일 때 상처를 주고받지 않으며, 비록 헤어진다 해도 계속해서 상대방을 우정으로 바라볼 수 있도록 교제했으면 좋겠습니다. 어른들에게도 쉽진 않지만 아이니까 더욱 그랬으면 좋겠다는 것이죠. 그래서 저는 아이들이 안전한 수업 공간에서 이성 친구에게 원하는 것과 원하지 않는 것을 자연스럽게 이야기할 수 있는 시간으로 이성 교제 수업을 만들어 보았습니다.

중학생이 되면 벌써 여러 명과 교제했던 아이도 있게 마련이지만 이성 교제의 경험이 전혀 없는 학생들이 더 많습니다. 이런 아이들과 불쑥 이성 교제에 대해 이야기하자고 하면 자칫 마녀사냥이 될 가능성이 있습니다. 네가 이성 친구를 사귀니까 말해 보라거나 진도는 어디까지 나갔느냐는 식이 되어 버리면 수업이 폭력일 수 있습니다. 그래서 저는 시를 이용해서 모두가 자연스럽게 참여하는 수업이 되게끔 이야기를 풀어 나갔습니다.

박성우 시인의 청소년 시집 『난 빨강』에 수록된 시입니다.

두고 보자

이 년 사귄 오빠한테 차였다.

뭘 잘못했는지도 모르면서
잘못했다고 한 번만 봐달라고
싹싹 빌기까지 했지만, 매몰차게 차였다.

손잡고 걷자고
어깨동무하고 앉자고

뽀뽀 한 번만 하자고
가슴 한 번만 만져 보자고,
애걸복걸 조를 때는 언제고
더럽고 치사하게
나 말고 좋아하는 애가 생겼다는 거다.

내가 싫어졌다는 말이 귀에서 윙윙대고
다른 여자애랑 키득거리고 있을 거 생각하면
성질 뻗치고 자존심 상해서 미칠 것 같다.

안 울려고 해도 자꾸 눈물이 난다.

두고 보자는 사람 하나도 안 무섭다지만
새로 사귀는 애랑 얼마나 잘되는지 두고 보자.
이 더럽고 치사한 거지 똥구멍 같은 녀석아!

"이 시에서 거부감이 드는 부분과 마음에 드는 부분을 고르고 그 이유를
적어 봅시다."

이 시를 한 줄씩 돌아가면서 함께 읽은 후에 생각하는 시간을 충분히 줍
니다.

다시 한 줄씩 읽으면서 "이 부분에 거부감이 드는 사람?", "이 부분이 마음에 드는 사람?", "그 이유는?" 등의 질문을 통해 자기 생각을 표현할 때, 아이들은 앞서 말한 다른 친구와 같은 단어를 사용하려는 경향이 있기에 활동지에 적었던 것을 읽게 합니다. 비슷한 의미라 해도 각기 다른 표현으로 공유하는 것이 더 풍성한 나눔이 되는 까닭입니다. 학급 전체 아이들이 다 두 번씩 말하기 때문에 시간이 오래 걸리고 분위기가 느슨해질 수도 있습니다. 따라서 중간 중간 위트 넘치는 내용이 필요합니다. 다른 학급에서 나왔던 재치 있는 답변들을 미리 메모해 가서 적시적소에 읽어 주세요. 그러면 웃음이 끊이지 않는 수업을 할 수 있습니다.

활동 사례

◦이 년 사귄 오빠한테 차였다
거부감이 드는 이유 : 시 초반부터 욕이 나와서. 나는 단 하루도 사귀지 못했는데 2년이라니 약 올리는 거냐?

◦손잡고 걷자고
마음에 드는 이유 : 뭔가 달달. 건전하게 사귀는 것 같다.

◦가슴 한 번만 만져 보자고

거부감이 드는 이유 : 좋아서 만난 것이 아니라 성추행하고 싶어서 만난 것 같다. 여성의 특정 신체 부위를 만지는 것은 그 사람에 대한 예의가 아님. 읽기만 해도 부끄럽고 변태 같다. 가슴만 만지고 끝날 남자는 없기 때문에. 청소년 시집이라서 이렇게 표현했지 실제로는 성관계를 요구했을 것 같다.

◦ 애걸복걸 조를 때는 언제고

거부감이 드는 이유 : 여자가 원치 않는데 하겠다는 것은 아닌 것 같다. 내키지 않아 하는데 자꾸 부탁하고 강요하는 모습이다.

◦ 나 말고 좋아하는 애가 생겼다는 거다

거부감이 드는 이유 : 그래도 현재 사귀고 있는데 여친한테 이렇게 대놓고 말하는 것.

교사 : "이 부분이 마음에 든다고 표현한 학생이 있습니다. 왜 마음에 들었을까요?"

학생 : (시간이 걸리더라도 기다려줍니다.) "헤어지는 게 나을 것 같아서요."

교사 : "남학생이었는데, 이렇게 표현했습니다. '이렇게 여성을 괴롭히는 남성은 얼른 피해야하기 때문에.'"

학생 : "와! 현명한 것 같아요."

◦ 안 울려고 해도 자꾸 눈물이 난다

마음에 드는 이유 : 실연한 사람의 마음을 잘 표현한 것 같다.

◦ 새로 사귀는 애랑 얼마나 잘되는지 두고 보자

거부감이 드는 이유 : 왠지 계속 지켜본다는 의미 같아서 그 남자와 다시 엮일까 봐 불안하다.

마음에 드는 이유 : 여자는 남자를 진심으로 좋아했던 것 같은 느낌이 들어서. 마음에서 그 남자를 떠나보내려고 시도하는 느낌이 있어서. 속이 시원하다. 소심한 복수. 미련보다는 복수심이 큰 것 같아서. 차여서 미련으로 힘들어하는 것보다는 차라리 복수심이 좋아 보인다.

"시 '두고 보자'에서처럼 사귀는 남자(혹은 여자) 친구가 자꾸 스킨십을 하려고 합니다. 나라면 어떻게 해야 할까요?"

활동지에 자기 의견을 작성한 후 짝과 나누는 시간을 갖습니다. 그리고 짝의 의견을 반 아이들과 공유하고 싶은 사람에게 손을 들게 하고, 짝을 대신하여 읽어 달라고 합니다. 스킨십에 대한 이야기는 부끄러워하는 아이들이 많습니다.

R양 : "내 의견을 확실하게 표현한다. 하지만 그 후에도 정도를 넘는 스킨십을 하려고 한다면 단호하게 헤어지자고 할 것이다."

K군 : "무조건 헤어진다. 지금 거절해도 그런 스킨십을(성적인 것) 요구하는 남자라면 쓰레기라서 또 다시 시도할 것이 뻔하기 때문에 그런 쓰레기와 같이 있으면 안 된다."

L양 : "신중하게 생각해봐야 할 것 같다. 주변 사람들에게 조언을 구하고, 나를 진심으로 좋아하는 모습보다 스킨십 요구가 많아 보일 때 진도 더 나가기 전에 헤어진다. 내 몸은 소중하니까."

C군 : "피할 것이다. 내가 여자라면 그런 변태 같은 남자를 남친으로 두진 않을 것이다."

P군 : "손잡고 어깨동무까지는 괜찮은데, 그 이상의 스킨십은 아예 안 한다. 계속 요구하면 왜 그러는지 물어본다."

P양 : "스킨십은 하면 할수록 새로운 것을 자꾸 시도하려고 하기에 결혼을 전제로 만나지 않는 남자에게 함부로 몸을 내주어선 안 된다."

★ 존중 포인트

많은 부모님들이 자녀들의 이성 교제에 대해 부정적입니다. 공부에 방해가 된다는 이유에서입니다. 공부 열심히 해서 원하는 대학에 들어가면 얼마든지 좋은 상대 만나 이성 교제를 할 수 있다고 말합니다. 하지만 부모님들이 중·고등학교에 다닐 때를 한번 생각해 보십시오. 요즘 십대들도 마찬가지입니다. 마냥 어려 보이지만 내 아이도 이성 친구를 사귀면서 좋은 관계로 발전할 수 있다는 사실을 인정해야 합니다. 무조건 막으려고만 하지 마십시오. 그러면 비밀스러운 연애를 하게 되고, 문제가 생겼을 때 부모에게 도움을 요청하지 못하게 됩니다. 자신의 이성 친구에 대해 가족들에게 자유롭게 이야기할 수 있는 분위기를 만들어 준다면 아이들이 안전하고 건강하게 이성 교제를 하며 성장할 수 있습니다. 부모가 아무리 애를 써도 못했던 것을 이성 친구의 말 한 마디가 이루어지게도 하거든요.

Q 30

아이의 이성 교제가 걱정되는데,
어떻게 대화하는 게
좋을까요?

여자 친구와 어느 선까지 가능한가요?

남자 아이들이 자기가 사귀고 있는 여자 친구와 가능한 선이 어디까지인
지를 왜 자신의 여자 친구에게 묻지 않고 엉뚱하게 다른 사람에게 질문하
는 걸까요? 스킨십은 사귀고 있는 두 사람이 함께 결정하는 것이란 사실을
모르는 거죠. 아이들이 쉽게 접하는 웹툰이나 드라마에서도 남성이 주도하
는 것으로 보여주기 때문에 아이들의 이성 교제 역시 미디어를 그대로 흉내
내고 있습니다. 그래서 어른들은 아이들의 이성 교제가 조금 불편합니다.
아이들이 어른들의 스킨십을 흉내 내다 자칫 성관계까지 경험하게 되지 않
을까 두렵기 때문입니다.

자녀에게 이성간의 스킨십에 대해 이야기를 하긴 해야 되겠는데, 어떻게
말을 꺼내야 좋을지 엄두가 나지 않아 차일피일 미루다가 아예 포기했다는
부모도 있습니다. 아이와 이야기할 때 아이의 성에 대해 직접적으로 묻는
것은 피하는 게 좋습니다. 그것은 아이의 지극히 개인적인 사생활입니다. 갑

작스레 아이의 사생활을 침범하면 사춘기 아이는 마음을 완전히 닫아버릴 수도 있고, 아이도 똑같이 부모의 성을 침범할 수 있습니다. 그래도 된다고 배우는 것이죠. 소극적이지만 효과적인 접근법은 아이의 친구들을 집으로 초대해서 그들이 어떻게 노는지, 무슨 말들이 오가는지 관찰하거나 아니면 아이와 친구들을 승용차에 태워 줄 적당한 기회를 만들어 뒷좌석의 아이들이 주고받는 대화 내용에 귀 기울여 보는 겁니다. 그리고 나중에 아이와 그 대화에 대해 이야기를 나눠 보세요. 아이의 주변 친구들 이야기부터 시작하는 거예요. 물론 이런 대화를 해도 될 정도로 일상적인 대화가 편한 상태여야겠지요.

"요즘 네 친구들 중에 이성 교제하는 아이가 있니?"
"며칠이나 되었니?"
"기념일은 어떤 게 있지?"
"기념일에 그 아이들은 주로 뭘 하지?"
"네 생각은 어떠니?"
"엄마는 이렇게 생각해."

이런 대화를 나눌 때 주의할 점은 작정한 듯이 꼬치꼬치 물어봐서는 안 된다는 것입니다. 아이의 친구를 비난해서도 안 됩니다. 특별한 시간을 잡아서 길게 대화하기 보다는 일상에서 짤막짤막하게 대화하는 게 좋습니다. 성과 관련된 이야깃거리는 미디어에서 흔히 접할 수 있습니다. 예를 들면 이런 거예요.

"아침에 텔레비전에서 어떤 임신한 십대 여학생이 화장실에서 혼자 출산하고 나서 아이를 그대로 버렸다는 뉴스를 봤는데, 정말이지 너무 놀랐다니까. 혹시 너도 봤니? 너는 어떻게 생각해? 주변에 정말 이성 친구끼리 성관계를 하는 아이들이 흔하니?"

아이들이 부모와 이런 대화를 할 수 있으려면 부모와 함께 있는 시간이 안전하다고 느껴야 합니다. 질문한 다음에는 아이가 생각을 정리해서 대답할 수 있도록 기다려 주세요. 아이의 관심과 의문과 걱정 등을 이해하기 위해 노력해야 합니다. 질문하고 나서 대답을 듣기도 전에 대화가 마무리된다면 아이는 부모의 질문에 대답하지 않아도 된다고 생각합니다.

아이가 대학을 졸업할 때까지 아니면 결혼할 때까지 성관계를 미루길 바란다면, 아이가 성관계의 유혹을 스스로 이겨낼 수 있도록 해야 합니다. 특히 한국 사회의 특성상 남자는 얼마든지 성관계를 해도 괜찮다는 잘못된 유혹에 휩싸이기 쉽기 때문에 또래나 주변 형들에게서 이런 이야기를 듣기 전에 자녀가 자신의 원칙을 정하게 하는 것이 필요합니다.

미리 자신만의 원칙을 정하도록 권하는 이유는 인간은 감정적인 존재이고, 특히나 청소년은 유혹에 약한 데다 감정에 휩싸여 원하지 않는 선을 넘기가 쉽기 때문입니다. 자기 안의 성적 욕망을 이해하고, 깊은 스킨십은 성관계로 바로 연결될 수 있음을 잊지 않도록 말해 주세요. 단 둘이 있을 때,

가벼운 입맞춤(뽀뽀)이 아닌 긴 키스는 성관계로 이어지기 쉬우므로 하지 않아야 된다고 구체적으로 알려주는 거예요. 상대방에게 성적인 매력은 유지하되 쉽게 몸을 허락하지 않는 것이 지혜로운 것이며, 이후 훨씬 더 아름다운 성을 안전하게 누릴 수 있음을 말해 주세요.

★ 존 중 포 인 트

자녀들과 대화할 때 아이가 내 질문을 부담스러워 하거나 불편해 하지는 않는지 세심하게 살피면서 대화를 나눠야 합니다. 즉 아이의 느낌을 존중하면서 대화해야 한다는 겁니다. 또한 부모가 아이와 성에 대해 이야기를 나눌 때 부모의 가치관에 대해 분명히 언급할 필요가 있습니다. 자녀가 어느 때까지 성관계를 절제하기 바라는지 부모의 생각부터 먼저 점검해 보세요. 그리고 자녀에게 안전하고 아름답게 성을 누리기 위해서는 서로에 대한 존중과 책임감이 포함되어 있어야 한다는 점을 분명히 제시해 주는 게 좋습니다. 즉 성장기에 성호르몬이 왕성하게 분비되면 섹스에 대한 관심이 증폭되겠지만 가급적 성관계는 미루는 게 좋겠다고 자녀에게 정확하게 말해 줘야 합니다. 덧붙여 자녀가 선을 정하고 노력했음에도 불구하고 어찌어찌해서 성관계를 경험하게 된다면 반드시 피임을 하는 것이 자기 자신에게 책임을 지는 행동이며, 만약 성관계로 인해 무슨 일이 생긴다면 꼭 부모와 의논해 주길 바란다는 것까지 말씀해 주세요. 혹시 네가 실수를 하더라도 엄마 아빠의 소중한 아이임에는 변함이 없다고 말이에요.

스킨십이 성관계까지 이어지지 않도록 하려면?

교사 : "성관계를 가지려는 남학생 대부분이 자신의 남자다움을 과시하려고, 자기도 할 수 있다는 것을 보여주려고, 친구들에게 으스대려고 그렇게 한다는 연구 결과가 있어요. 반면 성관계를 가지는 여학생들은 대부분 이 같은 남자 친구의 요구에 응하지 않으면 버림받을까 봐 성관계를 가진다고 합니다. 이것이 성관계를 결정하기에 적절한 이유인가요? 성관계를 요구하는 쪽에서는 주로 이 두 가지 문장을 가지고 상대방을 유혹합니다."

"나를 사랑한다면 나와 성관계를 해야 해."
"내 친구 여자 친구들은 다 해준대."

학생 : "이것은 이유가 될 수 없어요."
교사 : "위의 논리는 무엇이 잘못되었나요?"
학생 : (도움 필요) "사랑이란 상대방의 생각을 존중해 주는 것이지 강요하는 것이 아니에요. 진짜 좋아한다면 충분히 기다려 줘야 해요. 지켜 줘야 해요."
교사 : "그렇죠. 다른 사람들도 다 하는 행동이 아닐뿐더러, 설사 누군가 했다 하더라도 남이 하니까 나도 하겠다는 생각은 나를 소중하게 여기

는 것이 아닙니다. 오히려 주변 친구들이 선동하는 분위기 속에서도 '너는 소중한 사람이니까 지켜 줄 거야.' 라고 말하고 지켜 가면 두 사람 사이의 신뢰는 더 깊어질 수 있어요. 아름다운 만남으로 평생 기억에 남는 사람이 될 거예요."

가족끼리 애정 표현을 자주 하는 것이 아이를 육체적인 사랑에 굶주리지 않게 하는 것입니다. 부모의 존중을 담은 포옹은 신체적인 안정감을 주므로 이성 친구에 대한 육체적인 욕구를 줄일 수 있게 합니다. 친구 만나러 나가는 아이를 엄마가 따뜻하게 안아주면서 "너는 참으로 소중한 아이야.", "너를 사랑하고, 믿는다." 이렇게 말해 주세요. 그러면 이성 친구를 만나더라도 신체 접촉까지 할 생각은 하지 않을 거예요. 십대의 자녀가 자신을 소중히 여기게 하려면 가정의 규칙(귀가 시간 등)을 정하되, 그 규칙을 지키는 한 아이들을 믿어야 합니다. 부모는 너를 믿기에 네가 어떤 상황에서도 스스로 최선을 다해 대처해 나갈 것을 믿는다고 말해 주시고 진짜 믿으려고 노력해야 합니다.

교사 : "스킨십이 성관계까지 이어지지 않도록 하는 전문가들의 조언은 다음과 같습니다."(하나씩 천천히 읽어 줍니다.)

。이성 친구와 단 둘이 데이트하는 것을 가능한 한 늦추고, 옷을 항상 단정히 갖춰 입고 만나며, 서로 만지면 안 되는 접촉 금지 구역을 정해서 지킨다. - 린다 에어(『우리

아이 성교육에 대해 꼭 알아야 할 50가지」)

∘ 성적 행위를 피하기 위한 안전장치로 네 발을 바닥에 붙일 것, 옷을 벗지 말 것, 성욕을 자극하는 애무를 하지 말 것, 프렌치 키스는 금물이라는 네 가지 규칙을 제시했다. - 로비 캐슬맨(「데이트 스타트」)

∘ 같은 침대에서 밤을 보내지 말 것, 옷을 벗지 말 것, 여자라면 비키니 수영복, 남자라면 수영 팬츠로 가려지는 신체 부위를 만지지 말 것, 다른 사람 위에 눕지 말 것이라는 기준을 제안했다. - 민디 마이어(「데이트, 그렇게 궁금하니?」)

교사 : "이어지는 스킨십이 두려운 상황이 되면 단호한 말과 행동으로 중지하는 것이 중요하며, 이후 감정이 누그러진 다음에 차분한 대화로 서로의 스킨십에 대한 의견을 공유하는 것이 더 중요합니다. 평상시에 대화를 충분히 나누지 않으면 똑같은 충동과 거절이 반복될 가능성이 있으며, 이러한 이성 교제는 더 이상 따뜻한 배려와 존중을 나누는 관계로 발전하기 어렵습니다."

Q

31

이성 교제

갑자기
이별을 통보받았을 때
어떻게 해야 하나요?

사귀다가 헤어질 때 서로 합의해서 헤어질 때도 있지만 어느 한쪽이 일방적으로 차거나 차이기도 합니다. 갑자기 이별을 통보받았을 때 충격과 분노와 슬픔 때문에 힘들어 하는 친구에게 어떤 말을 해줄 수 있을까요?

처음에 저는 이렇게 질문한 적이 있습니다.

"어느 날 갑자기 남자 친구나 여자 친구에게 일방적으로 이별을 통보받았을 때 충격과 분노와 슬픔을 어떻게 극복할 수 있을까요?"

이 질문에 아이들은 마치 자기 자신에게 실제로 닥친 일인 것처럼 슬픈 표정을 한 채 선뜻 펜을 잡지 못했습니다. 그래서 질문을 바꿨습니다. 내가 그렇게 되었을 때 심정을 적는 게 아니라 친구가 그렇게 되었을 때 힘들어 하는 친구를 위로해 줄 수 있는 글을 적게 한 것입니다. 그랬더니 슬픈 표정 없이 생각을 글로 잘 풀어 내더군요. 아이들에게 만남과 이별은 결코 남의 이야기가 아니었던 겁니다.

노래 '양화대교'를 들려준다.

정정당당하게 스포츠로 달랜다.

힘들어 하지 마, 네가 거부감이 들었다면 헤어지는 게 옳았던 거야. 점점 잊을 수 있을 거야.

그 남자는 이미 네가 싫고, 너랑 진지하게 사귄 것도 아니잖아. 그런 나쁜 사람이랑 다시 엮이지 마.

사춘기 때 학교에서 만난 이성 친구와 어른이 되어서까지 계속 사귀는 경우는 극히 드뭅니다. 사춘기에는 성장 속도만큼이나 생각이 변하는 속도도 빠르고, 두 사람의 변화하는 속도도 다를 수 있기 때문에 어느 순간, 좋았던 감정이 변한 걸 깨닫게 됩니다. 일정한 시기가 되면 자연스럽게 두 사람 중 한 사람이 헤어지자는 말을 하고 싶어지는 순간이 옵니다. 이성 친구에게 헤어지자는 말을 들었을 때 기분 좋을 사람은 아무도 없을 겁니다. 먼저 말하는 사람도 그리 편하지만은 않을 거구요. 헤어진 후에도 다시 만날 수밖에 없다면 아주 불편하고 괴로운 일이 생기겠죠. 여기저기서 자신을 째려보는 따가운 시선도 느껴야 하고 말이에요. 그래서 서로가 덜 힘들기 위해서라도 잘 헤어지는 것은 매우 중요합니다.

교사 : "이별 통보는 어떻게 하는 것이 좋을까요?"

학생 : "직접 얼굴을 보고 말했으면 좋겠어요.", "먼저 변해서 미안하다고 사과부터 했으면 좋겠어요.", "단점이나 불만만 털어놓지 말고, 진짜 이유를 말해주면 좋겠어요."

교사 : "네, 이별을 말할 때는 정직하게 감정을 드러내서 표현하는 게 좋아요. '아직도 네가 좋은 아이라고 느끼고 있고, 너와 사귀는 동안 참 행복했어. 그러나 나이에 비해 우리는 너무 가까운 것 같아서 불편하고 또 시간을 너무 많이 뺏기는 것 같아서 안 되겠어….' 이 정도로 말할 수 있겠죠."

교사 : "반대로 이별 통보를 받았을 때, 어떻게 하는 게 좋을까요?"

학생 : "화를 내거나 말하는 사람을 비난하지 않았으면 좋겠어요.", "먼저 헤어지자고 말하는 사람도 쉽지 않을 거고 또 죄를 지은 것은 아니니까, 생각을 존중해 주면 좋겠어요."

이성 교제

학업과 이성 교제를
모두 잘 해낼 수
있을까요?

청소년의 이성 교제가 성인과 닮아 있는 이유는 미디어를 통해서 배운 방식대로 이성 교제를 하는 까닭입니다. 아이들이 어른들을 흉내냄으로써 어른스러운 기분을 느끼고, 나의 사랑을 표현할 수 있다고 믿는 거예요. 빼빼로데이를 비롯한 무슨 기념일 같은 '특별한 날'에는 상처 입은 아이들이 늘어납니다. 주말에 영화를 보러 가기로 오래전에 약속했는데, 갑자기 생긴 가족 모임 때문에 약속이 깨져서 상심한 아이도 보건실 문을 두드립니다.

"선생님, 연애가 저에게 어울릴까요? 제가 잘 해낼 수 있을까요?"

누가 누구와 사귄다고 소문이 나면 교사는 그 학생들을 더 신경 써서 보게 마련입니다. 두 사람 모두 그럴 수 없이 즐겁고 행복해 보이기도 하고, 어떤 학생들은 눈에 띄게 우울해 보이기도 합니다. 부모님이 이성 교제를 심하게 반대해서 등교할 때부터 눈물을 달고 오는 아이도 있고, 같은 반 여학생에게 친절을 베푸는 남자 친구 때문에 마음을 다친 아이도 있습니다. 한 학생이 저에게 위와 같은 질문을 했을 때 저는 그 아이에게 물었습니다.

"너는 행복하니? 그 아이와 사귀어서 행복하니? 그 아이와 사귀면서 달라진 너의 모습이 네 마음에 드니?"

그 학생은 고개를 저으며 불행하고 우울하며 성적도 떨어져 많이 힘들다고 했습니다.

"그렇다면, 너에게는 학창 시절의 연애가 아직은 어울리지 않는 게 아닐까? 조금 더 준비되면, 조금 더 잘할 수 있을 때 생각해 보는 게 좋지 않을까?"

저는 이렇게 조언할 수밖에 없었습니다. 두 가지를 다 잘 해낸다는 건 어른들도 쉽지 않은 일입니다. 청소년이 학업과 이성 교제 모두를 충실히 해내면서 행복한 십대를 보내기란 쉬운 일이 아니죠. 두 가지를 한꺼번에 잘 해낼 수 없다면 어쩔 수 없이 한 가지를 포기하거나 보류해야만 합니다. 그게 무엇일지는 본인 스스로가 잘 알고 있습니다. 교사나 부모는 아이가 현명한 판단을 한 후 이를 잘 극복할 수 있도록 지켜보면서 든든한 울타리가 되어 주기만 하면 됩니다.

Q 33 데이트 폭력은 언제나 사소한 것에서부터 시작됩니다

남녀 사이의 좋은 감정은 서로에 대한 관심에서 출발합니다. 그런데 상대방에 대한 관심과 더 잘해 주고 싶은 마음, 상대방으로부터 더 많은 관심을 받고 싶어 하는 마음이 지나치다 보면 단순한 질투를 넘어 병적인 집착으로까지 이어지는 경우가 있습니다. 아끼고 사랑한다는 구실로 상대방을 소유하려 하고 구속하고자 한다면 이는 좋은 감정이라고 보기 어렵습니다. 데이트 폭력이란 친밀한 관계에 있는 연인, 친구 등이 상호간 합의 없이 일방적으로 행하는 신체적, 정서적, 성적 폭력을 말합니다. "싫어"를 거절로 받아들이지 못하고 상대방의 동의 없이 일방적인 사랑을 강요하는 것, 데이트 폭력입니다. 서로 사랑하는 사이에서도 상대방이 원하지 않는 행위는 강요이며 폭력입니다.

문제는 이런 데이트 폭력이 계속해서 증가 추세에 있다는 사실입니다. 경찰청에 따르면 2017년 데이트 폭력으로 입건된 피의자는 무려 1만 303명에 달했습니다. 3년 전보다 두 배가량 늘어난 수치라고 합니다. 또한 2018년 초 서울시에서 조사한 바에 의하면 서울시에 거주하는 여성의 경우, 10

명 중 9명이 데이트 폭력을 경험한 것으로 나타났습니다.

데이트 폭력 가해자들은 대부분 이런 식으로 항변합니다. 좋아해서, 사랑해서 그랬다는 겁니다. 폭력을 행사한 뒤에 눈물을 흘리며 무릎을 꿇고 사과를 거듭하는 것이 가해자들의 공통점입니다.

"내가 너를 너무 사랑해서 잠깐 미쳤었나 봐. 다시는 이런 일 없을 거야. 믿어줘."

"너를 좋아하지 않는다면 내가 그랬겠어? 두 번 다시 안 그럴 테니까 한 번만 용서해줘."

그러나 폭력은 한 번으로 그치지 않습니다. 폭력으로 소통하는 것, 이것은 습관이기 때문입니다.

십대의 데이트 폭력 또한 다르지 않습니다. 오히려 미성년자이기 때문에 부모나 교사에게 다 터놓지 못하고 속으로만 끙끙 앓는 경우가 더 많을 수 있습니다.

"저에게 남자 친구가 있다는 사실조차 숨겨 왔는데, 제가 남자 친구로부터 데이트 폭력을 당했다는 사실을 어떻게 말씀드릴 수 있겠어요?"

남자 친구에게 데이트 폭력을 당한 청소년이 자주하는 말입니다. 십대의 데이트 폭력은 처음에 연락에 집착하거나 다툼이 있을 때 거친 욕을 퍼붓는 것에서 시작해서 물리적 폭력으로 이어지는 사례가 많습니다. 인지능력이나 정서 발달이 미숙한 청소년들은 자기 좋을 대로 상대방을 판단하기 쉽고, 교제 중에 겪는 충동이나 분노에 대처하는 방법을 잘 모르기 때문입니다. 데이트 폭력을 예방하는 방법은 맨 처음 상대방에게서 폭력적인 징후를 발견했을 때 단호하게 대처하는 것입니다. 나를 너무 좋아해서 그랬나 보다, 사랑하는 마음이 지나쳐 잠깐 실수한 거겠지, 하고 가볍게 넘겨서는 안 됩니다.

다음은 데이트 폭력 시 나타나는 증상을 점검하는 목록입니다.

∘ **감정적 데이트 폭력** : 왠지 교제 상대가 두렵다, 교제 상대를 화나게 만드는 것이 무서워 그의 의견에 반대할 수가 없다, 다른 사람 앞에서 공개적으로 나를 모욕한 적이 있다.

∘ **정신적 데이트 폭력** : 폭력을 행사할 것이라고 위협한 적이 있다, 교제 상대가 화를 내며 자해한 적이 있다, 나와 헤어지면 자살하겠다는 등의 협박을 한다.

∘ **성적인 데이트 폭력** : 스킨십이나 성관계를 강요하고 이를 거부하기가 두렵다, 교제 상대를 존중하지 않고 자신의 성적 욕구를 충족하는 데만 관심이 있다.

∘ **물리적 데이트 폭력** : 조금이라도 물리적 공격을 받은 적이 있다, 교제 상대가 억지로 눕히거나 밀거나 주먹으로 치거나 발로 차거나 물건을 던져 공포감을 준 적이 있다.

∘ **통제 권력적 행동** : 다른 친구를 만나지 못하게 한다, 가족과 연락하는 것에 제한을 가한다, 가족 및 다른 친구들과 교제 상대 중 양자택일을 하라는 강요를 받

다, 언제 어디에 있었는지 모두 알려 하고, 모든 것을 교제 상대에게 해명하도록 요구한다, 다른 이성과 대화를 하면 분노한다, 옷이나 머리 모양 등 외적인 모든 부분을 교제 상대가 결정한다.

이런 행동을 자주 하는 사람은 데이트 폭력의 가해자가 될 가능성이 많습니다. 그런 일이 있어서는 안 되겠지만 만에 하나 데이트 폭력의 피해자가 되었을 때 어떻게 해야 할까요?

1. 폭력에 단호한 모습을 보여야 합니다.

폭력을 행사한 상대가 용서와 화해를 요청해도 설득을 당해선 안 됩니다. 단 한 번의 폭력이라도 그냥 지나치는 모습을 보여선 안 되는 겁니다. 어떤 이유로도 폭력은 납득될 수 없고 용서할 수 없다는 단호한 태도를 보여야 합니다. 언어적 폭력이든, 신체적 폭력이든 문제가 발생될 경우 관계는 더 이상 지속될 수 없음을 분명하고 단호하게 표현해야 합니다.

2. 주변 사람들에게 알립니다.

가족과 친구, 선생님 등 믿을 수 있는 사람들에게 이야기해야 합니다. 성폭력상담소나 가정폭력상담소, 십대여성인권센터 등 도움을 받을 수 있는 전문기관에서 구체적인 상담을 받는 것도 좋습니다.

3. 폭력의 흔적을 남깁니다.

상대방이 폭력을 행사한 날짜와 시간 등을 자세히 기록해 둡니다. 문자나 메일, 통화 녹음 등 꼼꼼하게 증거를 남겨두는 것도 필요합니다. 신체적 혹은 성적인 폭력이 발생했다면 반드시 경찰에 신고해야 합니다. 만일 신고하지 못했다면 만일을 대비해 몸에 난 상처의 사진을 찍어두고, 병원에 가서 의사의 소견서나 진단서를 받아 두어야 합니다.

4. 믿을 만한 주변인과 함께합니다.

폭력을 행사한 상대방과 단둘이 만나는 건 위험합니다. 꼭 만나야 한다면 안전한 장소를 선택하고, 믿을 만한 가족이나 선생님 또는 친구와 동행하는 게 좋습니다.

몸에 원인을 알 수 없는 상처가 생기거나 체중의 극적인 변화가 있고, 약속 시간 바로 전에 갑자기 약속을 취소하거나 자신의 행동에 대해 자주 사과한다면 자녀가 데이트 폭력의 피해자가 아닌지 의심해 봐야 합니다.

"십대의 데이트 폭력은 연락에 집착하거나 다툼이 있을 때

거친 욕을 퍼붓는 것부터 시작해서

물리적 폭력으로 이어지는 사례가 많습니다.

인지 능력이나 정서 발달이 미숙한 청소년들은

자기 좋을 대로 상대방을 판단하기 쉽고,

교제 중 겪게 되는 충동이나 분노에 대처하는 방법을

잘 모르기 때문입니다."

먼저 나 자신이 얼마나 소중한 사람인지 깨닫게 해야 합니다.

진정 자신이 소중한 줄 아는 아이는

다른 사람도 소중한 존재라는 걸 스스로 깨닫게 됩니다.

그리고 아무리 사소해 보여도 학교에서 성희롱 사건이 발생하면

절대 그냥 넘기지 말고 제대로 교육하면서

진지하게 상담하는 시간을 가져야 합니다.

성폭력을 예방하려면
어떻게
해야 하나요?

성폭력, 성폭행, 강제추행, 성추행, 성희롱의 차이가 뭔가요?

Q 34

성폭력은 성과 관련해 발생하는 모든 육체적, 정신적 폭력 행위를 포괄하는 개념입니다. 성폭력 범죄의 처벌 등에 관한 특례법에 따르면 성폭력이란 동의 없이 상대방의 성적자기결정권을 침해하는 행위로 성폭행, 즉 강간과 성추행은 물론 음란 전화나 문자, 메일 등 통신 매체 또는 카메라를 이용한 행위, 성기 노출이나 성희롱 등 신체 접촉 없이 행해지는 다양한 성적 행위를 포함합니다.

- **성폭행** : 상대방의 의사에 반한 또는 강제(폭행이나 협박)로 성관계를 하는 것. 강간을 의미함
- **성추행** : 강제추행을 의미하며, 신체적 성희롱과 다른 점은 폭행이나 협박을 수단으로 성적 수치심이나 혐오감을 느낄 정도의 신체 접촉을 하는 것

성희롱은 업무나 고용, 그 밖의 관계에서 지위를 이용하거나 업무 등과 관련해 성적인 말과 행동으로 상대방에게 성적 굴욕감이나 수치심을 느끼

게 하는 행위입니다. 하지만 성희롱 자체는 형사 처분 대상이 아닙니다.

이렇게 법적인 용어로 설명하려면 조금 어려울 수 있습니다. 수업에서는 교사가 가해자 역할을 하고, 피해자 역할을 할 남학생 한 명을 자원 받아 역할극으로 시연해 보이면 아이들이 쉽게 잘 이해합니다.

교사 : "선생님이 수업 시작종이 울린 뒤 3반 교실 문을 열고 들어오는데, 다른 아이들은 여전히 떠들고 있었지만 맨 앞에 앉아 있는 D학생이 밝고 환한 미소로 '선생님 안녕하세요?'라고 인사했다고 합시다."

D학생 : (역할극으로) "선생님 안녕하세요?"

교사 : "안녕? D야 반가워, 네가 3반이었구나." (학생을 아래위로 지긋이 훑어보며) "오, 너 이렇게 가까이서 보니까 꽤 남성적인 매력이 있는 걸!"

D학생 : (어쩔 줄 몰라 하며) "가… 감사합니다."

교사 : "D학생, 방금 기분이 어땠어요?"

D학생 : "기분이 좀… 좋진 않았어요." "수치심을 느꼈어요."

교사 : (전체 학생에게) "지금 선생님이 연기한 이것, 뭘까요?"

학생들 : "성희롱이요!"

교사 : "좋아요. 선생님은 여기서 나쁜 사람 역할이니까 더 나가 볼게요." (D학생에게 아주 가까이 접근하여 D학생의 등을 천천히 어루만지며) "오~ 근육이 제법인데? 너 남자구나!"

학생들 : "선생님, 이건 성추행이에요!"

교사 : "여러분이 흔히 성추행이라고 부르는 이것은 법률상 용어로는 신

체적 성희롱이라고 해요. 형법으로 다루어지는 성추행과는 구별이 필요합니다. 다음 단계에서 확인해 보세요."

교사 : (D학생의 얼굴에 양손을 가져가면서) "피부가 너무 부드러워 보인다. 너 좀 근사하네."

D학생 : (말없이 교사의 손이 닿지 않는 곳으로 급히 몸을 피한다.)

교사 : "여러분, 지금 여기서 D학생이 거절했나요? 동의했나요?"

학생들 : "거절했어요."

교사 : "혹시 동의했다고 생각하는 사람 있어요?"

학생들 : (동의했다고 대답하는 학생이 없습니다.)

교사 : "얼떨결에 당한 일이라서 화난 것처럼 보이지 않아도 분명한 거절의 몸짓이죠. 그런데 여기서 선생님은 나쁜 사람 역할이니까 조금 더 진행해 볼게요."(D학생의 얼굴을 만지는 척합니다. 비록 연기이긴 하지만 직접 만지지 않는 게 좋습니다.) "선생님이니까 만져도 돼. 괜찮아. … 여러분, 방금 선생님이 한 행동, 뭘까요?"

학생들 : "성추행입니다."

교사 : "네. 형법상 성추행, 즉 강제추행입니다. D학생, 선생님이 성추행할 때 기분이 어땠어요?"

D학생 : "제가 자원한 연기인 데도 굉장히 기분이 나빴어요. 성폭력 피해자를 이해할 것 같아요."

한 가지씩 연기하고 나서 역할극에 참가한 학생의 느낌을 표현하게 해주세요. 이 학생의 느낌에 다른 학생들이 공감함으로써 배움이 확장됩니다.

★ 존중 포인트

성폭력에 해당하는 다양한 용어들을 법적으로 이해하려면 다소 어렵고 딱딱하기 때문에 역할극으로 이해를 돕는 수업입니다. 구체적인 상황을 통해 학습하면 문장만을 읽고 외운 것보다 훨씬 더 실제적으로 느끼고 체험할 수 있습니다. 역할극에서는 자원하는 남학생이 있어야 합니다. 활동적이면서 정의감이 있는 자원자가 나올 수 있도록 교사가 수업 분위기를 잘 이끌어야 합니다. 피해자 역할을 자원했다 할지라도, 중간에 힘들면 계속 안 해도 된다고 미리 말씀해 주시고, 마친 후에는 불편했던 느낌을 충분히 표현할 기회를 주세요. 역할극이 진지할수록 학생들이 수업에 더 잘 몰입할 수 있습니다. 동의에 대해서도 분명하게 언급하고 넘어갑니다. 거절, 동의하지 않은 것, 침묵은 모두 다른 의미입니다. 누구든 성폭력의 가해자나 피해자가 될 수 있다는 전제 하에 가해자가 되지 않으려면 어떻게 해야 하는지, 피해자가 되었을 경우 어떻게 대처해야 하는지를 학생들 스스로 판단해 합리적 결론을 얻어낼 수 있도록 하는 게 중요합니다.

Q 35

성폭력 가해 학생을
어떻게 교육해야 하나요?

결론부터 말씀드리면, 학교에서 성폭력이 발생했을 때 학교의 모든 절차
는 교육적이어야 합니다. 폴란드 출신의 사회학자 지그문트 바우만이 자
신의 저서 『쓰레기가 되는 삶들』에서 지적한 것처럼 단지 문제 학생을 구
별하여 배제해 버리는 것이 아니라 내부에서 훈육하고 포용하기 위한 선의
의 빅 브라더(Big Brother, 영국 소설가 조지 오웰의 소설 『1984년』에서 비롯된 용
어로 정보를 독점해 사회를 통제하는 관리 권력 혹은 그러한 사회 체계를 일컫는 말
이다. 긍정적 의미로는 선의 목적으로 사회를 돌보는 보호적 감시를, 부정적 의미로는
음모론에 입각한 권력자들의 사회 통제 수단을 가리킨다.)가 작동해야 한다는 말
입니다.

학교 안의 심의 기구인 학교폭력대처위원회(이하 학폭위)나 선도위원회
는 관계 회복을 위한 교육적인 도구이지 처벌을 목적으로 하는 도구가 아님
에도 불구하고 많은 학부모와 학생들은 이를 처벌 기구로 인식하고 있습니
다. 학폭위는 피해 학생을 보호하고 가해 학생을 선도하면서 둘 사이의 분
쟁을 조정하는 역할을 수행합니다. 학교폭력예방 및 대책에 관한 법률(이하

학교폭력예방법) 제13조에 따르면 학교는 학교 폭력이 발생한 사실을 신고 받거나 보고받은 경우 혹은 가해 학생이 협박 또는 보복한 사실을 신고 받거나 보고받은 경우 지침상 10일 이내에 학폭위를 열어야 합니다. 이 규정을 지키지 않으면 학교 폭력을 축소 또는 은폐했다는 사유로 학교 측이 법적인 책임을 질 수 있습니다. 이는 학교 폭력 사건에 대한 일선 교사들의 화해나 중재 노력을 소홀하게 만든 근본적인 이유이기도 하고, 학교 폭력 사건을 겪은 학생과 부모들이 교사와 학교 측을 무책임하다고 보면서 상처를 입게 만든 이유이기도 합니다.

2017년 당시 중학교 3학년이었던 자신의 아들이 학폭위로부터 징계 처분을 받았다는 학부모 P씨는 한 언론사와의 인터뷰에서 격정적으로 이렇게 토로했습니다.

"아이들의 사소한 싸움이 그 어떤 중재 과정도 없이 일주일 만에 학폭위로 넘어가더니 급기야 학급 학생의 절반가량이 징계를 받았습니다. 이렇게 제자들을 일괄적으로 재판에 넘기듯 하는 담임 선생님을 어느 학부모와 학생이 존경할 수 있겠습니까?"

대부분의 피해 학생은 추가 폭력에 대한 두려움으로 학폭위 결과가 나올 때까지 학교에도 나오지 못하는 경우가 흔합니다. 중립을 지켜야 하는 학교 입장은 이래저래 이해받기 힘듭니다. 아이들끼리의 분쟁은 사실 초반의 진심 어린 사과로 해결되는 경우가 많습니다. 책임 있는 어른으로서 교사와 부모가 가해 학생에게 사과 연습을 충분히 시킨 후에 진심 어린 사과를 할 수 있게 기회를 주어야 합니다. 피해자는 진심 어린 사과라고 여겨지고 재발 방지를 약속하면 대개 받아들입니다.

현재 학교폭력예방법은 피해 신고가 접수되면 관련 학생들을 서로 만나지 못하게 하고, SNS나 메시지조차 주고받지 못하도록 금하고 있는데, 이런 상황 속에서는 어떤 화해도 어렵지 않겠습니까? 학교 측에 좀 더 많은 유연성과 재량권이 주어져야 하고, 학교와 부모가 초기에 당사자들의 분쟁을 조정하기 위해 더 많이 애를 써야 합니다. 왜냐하면 우리의 목표는 아이들이 행복하게 학교생활을 하는 데 있기 때문입니다.

Q 36 성추행을 했다고 오해받으면 어떻게 하나요?

익명쪽지로 질문한 학생을 대신하여 학생들에게 물어봤습니다.

교사 : "반대로 성추행을 했다고 오해받으면 어떻게 하나요?"

학생 : "빨리 사과해야 해요."

교사 : "사과하면 오해한 사람이 용서해 줄까요?"

학생 : "즉시 제대로 사과하면 될 것 같은데요?"

교사 : "제대로 사과하는 건 어떻게 하는 거예요?"

학생 : "장난 식으로 하지 말고, 상대방이 받아줄 때까지 계속해서 진심으로 사과를 해야 해요."

최근에 상담한 사례입니다. 중3 남학생 한 명이 체육 시간이 끝나고 교실로 돌아왔습니다. 그런데 같은 반 여학생 4명이 다가와 방과 후 교실에 남아 있으라고 말했습니다. 수업이 끝나고 나서 그 여학생들이 남학생 주변에 빙 둘러서서 이렇게 말하더라는 겁니다.

"너 오늘 체육 시간에 쟤 다리 쳐다봤지?"

그 여학생들은 학교에서 드세기로 소문난 아이들이었습니다. 남학생은 솔직하게 아니라고 하면 말이 길어지고 계속 뒷말이 있을 것 같아 그냥 가만히 있었다고 합니다. 그 순간이 지나면 끝날 줄 알았던 거죠. 하지만 다음 날부터 같은 반 여학생들이 자신을 힐끗힐끗 쳐다보며 수군대는 것이 눈에 띄었습니다. 시간이 흐르면서 급기야 자신이 성폭력 가해자라는 소문이 학교 전체로 퍼져 나갔습니다. 두려워서 학교에 나갈 수가 없었습니다. 학교를 결석하는 날이 점점 늘어났습니다. 몇 개월 후 남학생이 저를 찾아왔습니다.

저는 남학생과 상담한 다음 상대방 여학생을 불러 조용히 자초지종을 물어봤습니다. 그랬더니 이 여학생은 자신이 성희롱 피해자라는 사실을 담임 선생님과의 상담을 통해 분명히 밝혔다고 했습니다. 그럼에도 불구하고 담임 선생님은 별것 아니라고 생각해 남학생과 여학생을 제대로 중재하지 않았던 것입니다. 여학생은 자신이 피해자로서 온전히 존중받지 못했기 때문에 더 상처를 받았고, 남학생은 억울함을 소명할 기회를 얻지 못해 몇 달 동안 고통 속에 처해 있었던 겁니다. 이 남학생이 성희롱 가해자로 의심받았을 때 어떻게 하는 게 좋았을까요? 그 사실을 알게 된 즉시 해당 여학생에게 진심을 담아 충분히 사과했어야 합니다. 그러면 대부분의 경우 재발 방지를 약속받고 아무 일 없었다는 듯 봉합이 됩니다.

최초로 이 사건을 접한 교사는 어떻게 했어야 할까요? 바로 관련 학생들을 불러 사실 여부를 확인한 다음 사실이 확인되었다면 정해진 순서에 따라 피해자는 피해자로서 충분히 존중받을 수 있게 해주고, 가해자는 가해자로서 응분의 책임을 지게 하면 됩니다. 그러면 사건이 잘 마무리되면서 아이들은 평상시의 학교생활로 다시 돌아갈 수 있습니다.

Q 37

#미투 운동은
여자만 보호하나요?

#미투(Me Too) 운동은 미국에서 시작된 해시태그(Hashtag, 단어 앞에 # 기호를 붙여 그 단어에 대한 글이라는 것을 표현하는 기능) 운동으로 2017년 10월 할리우드 유명 영화제작자인 하비 와인스타인의 성추문을 폭로하고 비난하기 위해, 소셜 미디어에 해시태그(#Me Too)를 다는 행동으로부터 출발했습니다.

해시태그 캠페인은 사회 운동가 타라나 버크가 처음 사용했던 것으로 트위터에 여성 혐오, 성폭행 등의 경험을 공개하여 사람들이 이러한 행동의 보편성을 인식할 수 있도록 독려한 알리사 밀라노에 의해 널리 알려졌습니다. 이후 많은 유명인들이 자신의 경험을 밝히면서 이 해시태그를 사용했고, 이로 인해 이 운동은 전 세계적으로 퍼지게 되었습니다.

한국에서는 2018년 1월 29일 서지현 검사가 검찰 내의 성폭력 실상을 고발하면서 미투 운동을 촉발시켰습니다. 이어 연극계, 문학계, 연예계, 체육계, 정계 등으로 확대되면서 가해자로 지목된 인물들이 늘어났고, 현재까지 계속 진행되고 있습니다. 성폭력이 공공연한 사실이었던 몇몇 문화예술가들은 그 계통에서 이미 막강한 권력자가 되어 있었기 때문에 폭로하기 어려웠었는데, 미투 운동이 이를 수면 위로 끌어올려 공론화하는 데 크게 기여했습니다.

미투 운동은 우리 사회를 바꾸는 커다란 원동력이 될 것입니다. 사회의 악습이나 부당한 처우들이 조직의 논리로 덮여지면서 침묵만을 강요당하던 약자들이 비로소 자기 목소리를 냄으로써 사회 전반에 성폭력에 대한 경각심이 높아지게 되었습니다. 이는 성범죄를 저지른 사람들에 대한 처벌을 강화하는 데까지 이르게 될 것입니다.

다만 경계해야 할 부분도 분명히 있습니다. 미투 운동은 남자와 여자를 성별로 재단하고 대립시켜 여성의 권익을 높이기 위한 운동이 아닙니다. 일각에서는 미투 운동을 페미니즘 운동이나 여성 운동으로 포장해서 자신들의 기득권 획득과 세력 기반을 다지는 데 사용함으로써 오히려 여성 혐오가 심해지는 부작용을 낳았습니다. 이런 혐오주의는 은연중에 학교 교실에까지 이어지고 있습니다.

"미투 운동은 배타적 대립을 보여서는 안 됩니다. 미투는 성폭력을 겪은 이들 모두를 위한 것이지 여성 운동이 아닙니다. 남자들은 적이 아니라는 점을 분명히 해야 합니다."

‑ #Me Too의 창설자 타라나 버크

이처럼 사회적인 큰 이슈를 수업에서 다루면서 '교실 미투(Class Me Too)'

를 외치는 기회를 가졌습니다. 뉴스에나 나올 법한 큰 사건이 아니더라도 교실에서 크고 작은 성희롱이 일어날 수 있습니다. 이 같은 수업은 친구들의 잘못을 들춰내 비난하거나 폭로하려는 것이 아니라 구체적으로 어떤 상황 속에서 내 친구가 불쾌해 하는지, 또한 내가 잘 몰라서 무심코 저질렀던 실수가 무엇인지를 바로 깨달을 수 있는 기회를 주려는 것입니다.

Q 38

성희롱과 성폭력 없는
평화로운 교실을 위해
내가 가장 바라는 것 두 가지

유튜브 에서 '거리의 눈'을 검색해 보세요. 여성가족부와 한국양성평등교육진흥원이 공동 기획하고, 평등채널e에서 만든 아동 성폭력의 실상과 해법을 다룬 짧은 영상입니다.

교사 : (영상을 함께 보고 난 후에 질문합니다.) "지금 본 영상의 제목이 무엇인가요?" (의외로 제목을 기억하는 학생이 드뭅니다. 그만큼 그냥 영상을 보여주기만 해서는 교육적인 효과가 덜하다는 뜻이기도 합니다.)

학생 : "'거리의 눈'입니다."

교사 : "영상에서 '거리의 눈'은 어떤 의미인가요?"

학생 : "사람들의 관심이 성폭력을 예방한다는 뜻입니다."

교사 : "맞아요. 그렇다면, 교실에서의 성폭력을 예방하려면 무엇이 필요할까요?"

학생 : "학생들의 관심, 교실의 눈입니다."

교사 : "그렇습니다. 여러분, 조두순 사건을 처음에 어떻게 불렀는지 기억

하세요?"

학생 : "나영이(가명) 사건입니다."

교사 : "왜 조두순 사건으로 바꿔 부르게 되었을까요? 차이점이 뭔지 생각해 봅시다."

학생 : (도움 필요) "피해자를 부끄럽게 하는 것 같아요. 가해자의 이름이 알려져야 해요."

교사 : "네. 피해자의 피해 사실보다는 가해자의 범죄 사실에 집중하는 것이 피해자를 보호하는 것이기도 합니다. 같은 차원에서 생각해 봅시다. 미투(#Me Too)는 우리말로 어떻게 옮기는 것이 좋을까요?"

학생 : (힌트 필요) "'나도 당했다.' 보다는 '나도 고발한다.', '나도 폭로한다.'입니다."

교사 : "네, 미투 운동은 가해자 고발, 폭로에 목적이 있습니다. 우리는 이번 시간에 교실에서의 성폭력을 예방하기 위한 활동을 할 거예요. 내가 어떤 상황에서 불쾌감과 불편함을 느꼈는지 표현해 주세요. 친구가 불쾌감과 불편함을 느끼는지도 모르고 했던 실수들에 대해 돌아보는 시간이 되었으면 좋겠습니다. 이 수업을 통해 혹시라도 잘못된 습관이나 태도가 있었다면 이후 생각과 행동이 달라지는 계기가 되길 바랍니다."

앞으로 교실 안에서 성희롱 또는 성폭력이 일어나거나 혹은 당하지 않기 위해 내가 가장 바라는 것 두 가지를 그림과 글로 표현해 주세요. 가급적 단순한 그림과 간략한 언어로 표현해 봅시다. 이 방법을 '비주얼 씽킹 - 그림으로 생각하기'라고 합니다.

◆ 활동 결과물

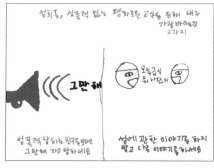

★ 존중 포인트

'교실 미투'는 어른들처럼 고발과 폭로보다는 '위드 유(With You, 성
폭력 피해자를 지지하고 연대한다는 의미)'를 내면화하는 데 더 중점을
두었습니다. 나를 돌아보고 친구들의 느낌에 공감하는 성찰의 시간인 것이죠. 다시 말
해 나와 친구들을 동시에 존중하고 배려할 수 있는 태도와 행동을 만드는 시간이라고
할 수 있어요. '아, 나에게 이런 면이 있었구나. 당장 고쳐야겠어.', '내가 이렇게 말하
고 행동하면 다른 친구들이 불편하거나 불쾌할 수 있구나.', '이럴 때 꾹 참고만 있지
말고 불편하고 불쾌하니 하지 말라고 당당하게 말해야 하는 거구나.' 이렇게 스스로
깨달을 수 있으면 됩니다. 평소 교실에서 조용히 목소리를 내지 않던 아이들의 목소리
가 커지고 "맞아, 그거 하지 마"로 교사에게 호응합니다. 그러나 자칫 상대방에게 화
살을 돌려 비난과 비판이 오가는 시간이 되지 않도록 주의해야 합니다. 수업을 마무
리하기 전에 시간이 부족해서 그림으로 다 표현하지 못했지만, 말할 기회를 주면 말로
표현하고 싶은 것이 있는 사람이 있는지 물어보고, 다른 학생들이 모두 경청하는 가운
데 말할 수 있게 해 주세요. 꽤 의미 있는 순간이 되기도 합니다.

Q 39

가해자가 되지 않으려면?
– 가해 예방 교육

아주 오랫동안 우리는 피해 예방 교육을 받아왔습니다. 요령껏 잘 피하기만 하면 모든 범죄로부터 안전하고 어떠한 피해도 입지 않을 것처럼 가르치고 배워 왔습니다. 그러나 사건은 가해자의 의도로 발생합니다. 피해자가 부주의하거나 요령이 없어 해를 입는 것이 아닙니다. 따라서 가해 예방 교육에 더 중점을 두고 가르쳐야 합니다. 하지만 가해 예방 교육을 할 때 이러이러한 행동을 하면 처벌을 받는다거나 강제 전출을 갈 수밖에 없다는 식으로 응징에 대해 가르치고 겁을 주는 교육은 어느 정도 효과가 있긴 하지만 일시적일 뿐입니다. 들키지만 않으면 된다는 요행 심리 때문에 일어나는 사건이 얼마나 많습니까?

먼저 나 자신이 얼마나 소중한 사람인지 깨닫게 해야 합니다. 진정 자신이 소중한 줄 아는 아이는 다른 사람도 소중한 존재라는 걸 스스로 깨닫게 됩니다. 그리고 아무리 사소해 보여도 학교에서 성희롱 사건이 발생하면 절대 그냥 넘기지 말고 제대로 교육하면서 진지하게 상담하는 시간을 가져야 합니다. 그리고 부모님께도 알려야 합니다. 드러난 게 다가 아닙니다.

어느 날 학교에서 강제추행 사건이 일어난 적 있습니다. 그동안 전혀 돌출 행동이 드러나지 않았던 중2 남학생이 저지른 일이었습니다. 어찌된 건지 자세히 알아보니 전년도에 교실에서 성희롱 사건을 일으켰던 학생이었습니다. 같은 반 여학생 여러 명에게 다가가 "너, 생리 하냐?", "생리할 때 기분이 어떠냐?" 하고 묻고 다녀서 해당 여학생들이 수치심을 느껴 담임 선생님에게 이를 알렸고, 해당 교사는 그 남학생을 상담하고 지도했던 기록이 있었습니다. 그런데 이 남학생은 그때 자신이 범한 행동이 뭐가 잘못된 것인지를 충분히 인식하고 뉘우치지 못했습니다. 그 결과 다음 해에 더 큰 잘못을 저지르게 된 것입니다.

이 같은 언사가 다른 사람의 성적자기결정권을 침해하는 성희롱에 해당된다는 것을 확실하게 인식시켜야만 과오를 돌이킬 수 있고, 잘못된 성 개념을 수정하는 기회가 될 수 있습니다. 청소년기의 성교육이 중요한 이유는 평생 가져갈 성 개념이 확립되는 시기이기 때문입니다. 이 시기를 놓치거나 이 시기에 잘못된 성 개념이 만들어지면 나중에 성인이 되어 성희롱으로 직장을 잃어도 고치지 못하고, 성폭력범으로 교도소에 다녀와 전자발찌를 차고 다녀도 고쳐지지 않습니다. 미투 운동을 통해 확인한 것처럼 성범죄는 전염성과 반복성을 가지고 있어 딱 한 번만 가해자가 되었던 경우는 거의 없습니다. 청소년기에 벌어진 사소한 실수를 확대 해석하라는 뜻이 아닙니다. 어리다고 가볍게 넘기려고만 하지 말고 아이를 제대로 교육하는 기회로 삼아야 하며, 이후 얼마간은 민감하게 관찰해야 한다는 뜻입니다.

혹시 자녀가 사춘기의 흔한 특성 때문에 친구 관계를 중요시하며 밤늦게까지 친구들과 어울리느라 귀가 시간이 늦거나 불규칙한 것인지, 아니면 아이가 자기도 모르게 폭력성 있는 무리에 포함된 것은 아닌지 주의를 기울여 관찰해야 합니다. 반복적으로 늦은 시간까지 아이들과 어울리다 보면 생각지 못한 일에 휘말릴 수 있기 때문에 귀가 시간을 아이와 함께 정하는 것이 좋습니다. 아이 친구 중에 부모가 보기에 신뢰할 만한 아이가 있다면 평소 대화할 기회를 가지려 노력하고, 그 친구에게 우리 아이의 안전에 도움이 필요할 경우 즉시 알려 달라고 부탁해 놓으면 큰 도움이 될 수 있습니다.

가해자가 된 학생이 자주 하는 말이 있습니다. "그냥 장난이었어요." "그렇게 괴로워하는지 몰랐어요." 본인이 하는 말과 행동을 상대방이 어떻게 받아들이는지 모르는 거예요. 알면 하지 않을 가능성이 높아집니다. 그래서 평소 아이가 다른 사람의 감정을 상하게 하는 말과 행동을 하면 부모가 그것에 대해 정확히 짚어 줘야 합니다.

한 번은 사서 교사가 무척 신경 쓰이는 아이가 있다고 알려왔습니다. 쉬는 시간이 되면 덩치가 큰 중3 남학생이 자기보다 키도 크고 조용한 옆 반 남학생을 쫓아 다니며 뒤에서 껴안고 부비고 가슴을 만지는 등 이상한 행동을 자주 한다는 것이었습니다. 저는 먼저 피해를 당한 남학생을 불러 이런 일이 정말 있었던 것인지, 그런 일을 당할 때 느낌이 어땠는지 등을 물어봤습니다. 피해 남학생은 학교 밖 PC방에서 만날 때도 이 같은 추행을 반복해서 불쾌하다고 확인해 주었습니다. 그런데 이런 대답을 듣기까지 꽤 오래 걸렸습니다. 자신의 감정을 표현하는 데 서툰 아이였기 때문입니다.

교사 : "대답하기 어려운 걸 물어서 미안해. 도울 일이 있으면 선생님이 너를 도와주고 싶은데 한 가지만 더 물어봐도 돼?"

학생 : "네…."

교사 : "혹시, 싫다고 말해본 적이 있니?"

학생 : "없어요. … 제 친구가 걔밖에 없어서요."

안타깝게도 가해자들은 학교에서 외로운 아이(왕따)를 목표로 삼을 때가 많습니다. 싫다는 표현을 하지 않을 거라는 걸 잘 알고 있는 거죠. 외로운 아이는 이렇게라도 자신과 놀아주는 아이를 거절하지 못합니다. 가해학생을 불러 이런 행동은 옳지 않은 거라고 말해 주었더니 그 남학생은 친구가 자신이 그렇게 하더라도 기분 나쁘다고 말한 적이 없다며 오히려 저에게 서운한 감정을 드러내기까지 했습니다. 상황이 여기까지 이르면 방법은 한 가지뿐입니다. 비슷한 상황이 발생했을 때 확실하게 거절할 수 있도록 피해 학생에게 거절하는 연습을 시키는 겁니다. 역시 효과가 있었습니다. 가해 학생도 마찬가지로 피해 학생이 유일하다시피 한 친구였기 때문에 슬슬 눈치를 보더군요. 이후 피해 학생은 가해 학생과 다른 고등학교에 진학했습니다. 아이들이 졸업한 뒤 몇 달 지나 길에서 우연히 피해 학생과 마주쳤습니다. 그 아이는 새로 사귄 친구들 속에서 깜짝 놀랄 만큼 밝게 웃고 있었습니다.

중견기업 CEO인 한 친구가 저에게 교육을 통해 직장 내 성희롱 사건을 예방할 수 있느냐고 물었습니다. 물론 예방할 수 있다고 대답해 주었습니다. 직장 내 구성원 모두의 성인지 감수성이 높아져 사건이 일어나기 전에 누군가 옆에서 "그런 말은 듣기에 따라 불쾌할 수도 있을 것 같은데?"하고 제동을 걸어주면 됩니다. 이런 조언을 들은 당사자는 "너무 예민한 거 아냐?" 하는 식으로 불쾌하게 반응하지 말고, 미리 알려줘서 고맙다고 인사한 다음 상대방에게 즉시 사과한 뒤 재발 방지를 약속하면 됩니다. 자칫 일어날 뻔했던 사건이 미연에 예방된 겁니다.

이러한 문화가 제대로 정착되려면 다 함께 노력해야 합니다. 그럼에도 불구하고 어쩔 수 없이 피해자가 생겼을 때는 동료들이 '위드 유'를 열심히 해주면 가해 예방 효과가 있습니다. 가해자를 외롭게 해야 합니다. 인사치레로라도 위로나 이해를 해주면 안 됩니다. 그렇게 해야 실수하지 않으려고 노력하는 분위기가 만들어집니다. 가정에서도 똑같습니다. 아이들이 듣고 있는지 신경도 쓰지 않은 채 텔레비전을 보면서 방송인들의 외모를 평가하고, 음식점에서 식사하면서 종업원들이나 손님들을 겉모습으로 평가한다면 일상에서 아이들이 그대로 성희롱을 배우게 됩니다.

Q

40

성폭력

내 아이가
가해자가 되었을 때

내 아이가 다른 집 아이를 괴롭혔을 수도 있습니다. 절대 인정하고 싶진 않지만 말이에요. 그렇게 하라고 가르친 건 아니지만 부모나 어른들의 친절함과 존중에 대한 교육이 부족했을 수 있습니다. 학교로부터 내 아이가 학교 폭력의 가해자가 되었다는 연락을 받았을 때, 이번 기회를 놓치지 말고 아이를 제대로 교육하는 기회로 삼아야 합니다.

먼저 초기 대응이 중요합니다. 부모들이 가장 많이 하는 실수는 아이에게 불같이 화를 내던가, 아예 귀찮다는 듯이 학교의 전화를 일절 받지 않는 것입니다. 이런 모습은 아이로 하여금 부모로부터 거절당하거나 버려졌다는 실망감과 두려움을 주게 됩니다. 화가 나면 화를 낼 수는 있지만 가해자인 자녀가 '아, 내가 큰 실수를 했구나!' 하고 느낄 정도로 화를 내든가 아니면 부모가 그만큼 힘들어 하는 모습을 보여주어야 합니다. 무조건 "내 아이가 그럴 리가 없다.", "교사가 내 아이만 미워한다."는 식으로 감정적인 대응을 하는 건 아무런 이득도 얻지 못하는 행동입니다.

부모가 이 사태를 심각하게 받아들이고 있고, 문제 해결을 위해 최선을 다해 노력할 것이라는 신뢰를 줘야 학교에서도 가해자 학생 부모의 힘든 마음을 공감하고 좋은 대안을 내놓을 수 있습니다. 가급적 빨리 학교 측과 피해자를 만나 제대로 된 사과를 해야 합니다. 사과하러 가기 전에 아이에게 사과하는 방법을 충분히 연습하게 합니다. 사과할 줄 모르는 아이들이 의외로 많습니다. 게다가 수치스러움과 당황스러운 기분에 마음에도 없는 말들을 내뱉어 사태를 악화시키는 아이도 있습니다. 이런 일이 반복되지 않기 위해서는 아이가 이번 실수로부터 배움을 얻을 수 있어야 합니다. 이 같은 절호의 기회를 부모가 빼앗지 않아야 합니다. 잘못된 행동의 결과를 아이가 고스란히 느껴야 합니다. 자신이 선택한 일의 결과는 반드시 자신이 책임지게 된다는 것을 깊이 깨달아야 합니다. 현명한 부모는 아이가 다시는 이런 일을 겪지 않도록 처음에 제대로 책임을 지게 합니다. 섣불리 변호사를 선임하는 등 내 아이가 처벌을 면하는 데에만 집중하는 것은 도덕성과 성 개념이 형성되는 단계에 있는 청소년기 자녀를 결코 잘 돌보는 태도가 아닙니다.

학교에서 선도위나 학폭위의 결정에 따라 해야 할 것을 모두 책임 있게 한 후에 부모님이 한 가지를 더 하면 도움이 될 만한 것을 알려드릴게요. 2017년에 뜻을 함께하는 교사 다섯 명이 '걷기학교'를 열었습니다. 강릉 바우길, 곰배령길, 순천 선암사 길을 다녀왔어요. 교사 한 명당 함께 걷고 싶은 학생 한 명을 걷기학교에 초대해 2박 3일 동안 같이 먹고 자면서 걷는 여행이에요. 사춘기를 힘겹게 지나고 있는 아이가 대상이죠. 학교에서는 한 아이와 눈을 마주치며 긴 시간에 걸쳐 대화하는 게 거의 불가능하거든요. 대중교통을 이용하고, 함께 장을 봐서 만든 음식을 먹고, 게스트하우스에서 잠을 자면서, 고독 속에 아름다운 자연을 마음껏 누리는 것이 목표입니다. 또래집단과 전전긍긍하며 소모되는 현상에서 벗어나기 위해서는 나만의 고독한 시간이 필요합니다. 가급적 힘든 코스 대신 아름다운 곳으로, 밤에는 별을 볼 수 있는 곳이면 더 잊지 못할 경험을 하게 될 거예요.

여기서 교사는 아이의 그림자 같은 동행자에요. 대화를 강요하지 않고, 그냥 안전하게 걸을 수 있게 옆에 같이 있는 사람입니다. 어른들은 여행하는 동안 최선을 다해 아이를 존중해 줍니다. 여기에는 중요한 규칙이 있어요. 'No-media, No-phone', 즉 스마트폰을 비롯해 어떤 전자기기도 휴대하거나 사용하지 않는 것이죠. 디지털을 통해 소모되고 있던 '그'를 현실로 데려오는 가장 효과적인 방법이라고 생각합니다.

무기력에 길든 아이는 무언가를 위해 아무런 노력도 하지 않습니다. 아이를 안심시키는 동시에 격려해야 하며, 무엇보다 충분히 최선을 다해 들어주어야 합니다. 그리고 밤에는 숙소에서 촘촘하게 모여 앉아 게임도 하고, 솔직하게 자신의 삶을 나눕니다. 자기 자신을 들여다 보고, 긴 인생에서 자신이 현재 어느 지점에 와 있는지 직면할 수 있게 도와줍니다. 신기하게도 몸이 가장 힘든 둘째 날 밤이 되면 아이는 마음을 활짝 열고 자신을 드러냅니다. 2박 3일이라는 짧은 여행으로도 변화가 시작되는데, 아이가 여행을 떠난 사이에 아이 부모님도 달라졌어요. '남도 저렇게 내 아이를 위해 고민하고 고생하는데…' 이 여행을 부모와 함께 한다면 아이는 정말 행복할 것 같습니다.

Q 41

성폭력

내 아이가
피해자가 되었을 때

대부분의 학교 폭력 사건을 자세히 들여다보면 사건 초기에 피해자가 미숙하게 대응한 사실을 발견할 수 있습니다. 평소 같이 어울려 놀기도 했던 친구가 가해자인 경우에는 더욱 그렇습니다. 자녀들에게 나보다 덩치가 크고 드센 성격의 친구라 해도 부당한 대우를 받았을 때는 최선을 다해 저항하라고 가르쳐야 합니다. 거칠게 주먹을 주고받으라는 뜻이 아닙니다. 상대방으로 하여금 '쟤가 이걸 정말 싫어하는 구나.' 하고 알 수 있게 정확히 표현하라는 것입니다. 아니면 의외로 허를 찌르는 반응도 도움이 됩니다.

예를 들어, 발목을 다쳐 깁스한 채 목발을 짚고 다니는 아이에게 '발 셋 장애인'이라고 놀릴 때 "내 손에 든 목발은 안 보이니?"라며 목발을 흔들어 보인다던가, "친구가 아픈데 놀리기만 하는 너는 친구도 아냐!"라며 오히려 핀잔을 준다면 이 아이는 놀림감에 머물러 있는 게 아니라 오히려 놀리는 자(가해자)의 위치에 올라 있는 게 되니까, 상대는 계속 놀리는 재미가 없어져 놀리는 말을 하지 못하게 되는 거죠. 부당함이 느껴질 때는 참지 말고 맞서라고 가르쳐야 합니다.

대다수의 성범죄는 목격자가 없습니다. 성범죄는 우연히 발생하기 보다는 가해자의 치밀한 의도에 의해 발생하기 때문입니다. 특히 청소년 성범죄의 경우 가해 학생은 목소리가 크고 힘이 센 경우가 많고, 피해 학생은 소심하며 조용한 아이인 경우가 많습니다. 목격자가 없다는 점 때문에 피해 학생은 이미 위축되어 있는 데다 자기편을 들어주는 친구가 없어서 더욱 움츠려듭니다. 그러나 목격자가 없는 성폭력 사건에서는 오직 피해자의 일관성 있는 진술만이 신빙성 있는 증거로 채택된다는 것을 꼭 기억해야 합니다. 조금 힘들더라도 진술하는 시간을 잘 견뎌내면서 일관성 있게 증언한다면 온전한 피해자로 존중받게 된다는 사실을 알려줘야 합니다. 그리고 주변의 어른들이 아이가 잘 감당할 수 있도록 지지해 주어야 합니다.

학교로부터 내 아이가 학교 폭력의 피해자가 되었다는 연락을 받게 되면 어느 부모든 화가 치밀게 마련입니다. 하지만 화는 사태 해결에 아무런 도움을 주지 못합니다. 다소 실망스럽더라도 냉철한 자세로 학교 측과 긴밀히 협조해 사태를 빈틈없이 해결해야 합니다. 학교에서는 당장 내 아이를 어떻게 보호할 것인지, 장기적으로 가해 학생에 대한 교육과 행동 수정을 위해 어떤 노력을 취할 것인지, 상황 조사는 어느 대상까지 할 것인지, 그리고 확실한 문제 해결을 위해 학교 측이 어떤 관리 감독을 하고 있는지 등을 계속해서 관심을 가지고 확인해야 합니다.

Q 42 | 성인지 감수성을 높여야 합니다

성인지 감수성이란 성별간의 차이로 인한 일상생활 속에서의 차별과 불균형을 인지하는 것을 말하며, 넓게는 성 평등 의식과 실천 의지, 그리고 성인지력까지를 모두 포함합니다.

아래의 글은 한 남성이 8회에 걸친 성교육 연수를 받은 다음 평가지에 작성한 글입니다.

우리 세대는 성교육이란 걸 받은 적이 없을 뿐 아니라 성이라는 말 자체가 입에 올려서는 안 될 금기어였다. 연수가 진행될수록 내가 성에 대해 갖고 있던 아주 적은 지식마저도 얼마나 왜곡된 것이었나를 확인하게 되어 충격을 받곤 했다. 특히 여성이 남성에 비해 얼마나 불편하고 힘든 존재인가 하는 것과 여성의 성이야말로 참으로 소중하고 세심하게 존중되어야 한다는 것을 깨닫게 되었다. 모든 여성(어머니, 누이, 여동생, 아내, 친구)을 다시 생각하게 되었다. 이제야 여성을 다른 시각으로 바라보게 된 것이다. 겉으로는 드러내지 않고 살았지만 내 내면에서 여성을 대하는 태도는 얼마나 무례하고 몰이해한 태도였는가를 반성하고, 울고 싶은 심정이다.

지금 우리나라는 성인지 감수성이 매우 낮은 세상에서 높은 세상으로 가는 과도기를 지나고 있습니다. 바꿔 말하면 아이들이 교사나 부모보다 성인지 감수성이 더 예민해야만 자신이 속한 사회에서 거부당하지 않고 온전히 수용되며 살아갈 수 있다는 말입니다. 그렇기 때문에 아이들이 제때에 예민한 성인지 감수성을 가질 수 있도록 도와줘야 합니다.

불과 얼마 전까지만 해도 공중파 텔레비전에서 남자가 여자를 강제로 벽에 밀쳐놓고 키스하는 장면이 사랑이라는 이름으로 버젓이 방송되곤 했습니다. 요즘이라면, "이렇게 벽에 밀치면 놀랍고 아프고 불쾌해. 다시는 이러지 말아줘."라고 부탁하겠지요. 우리 아이들 세대는 어떻게 할까요? 긴말하지 않고 더 큰 폭력으로 옮겨 가기 전에 데이트 폭력으로 신고할 겁니다. 우리 아이들은 지금보다도 더 여성에게 친절한 세상에서 살게 될 거라고 믿습니다.

열 번 찍어 안 넘어가는 나무가 없다고요? 요즘 그렇게 했다가는 스토커가 됩니다. 남자는 어떤가요? 남자는 평생 세 번 울어야 한다고 들었습니다. 태어날 때, 부모님이 돌아가셨을 때, 나라를 잃었을 때 외에는 울면 안 된다고 했다지요? 요즘은 어떤가요? 억울할 때, 너무 미안할 때, 사랑하는 여자와 이별할 때, 군대 갈 때, 먹고 있는 음식을 빼앗겼을 때, 드라마를 볼 때… 언제든 울고 싶을 때 웁니다. 남자가 우는 게 결코 부끄럽지 않은 세상이 되었습니다. 이런 것이 바로 성인지 감수성입니다. 다른 성을 가진 사람들의 입장이나 생각을 이해하기 위한 민감성입니다.

미투 운동이 여성만을 위한 것이 아닌 것처럼 성인지 감수성도 여성만을 위한 개념이 아니라는 사실을 기억하고 다 함께 노력해야 합니다.

며칠 전 저는 화장실 앞에서 몹시 당황스러웠습니다. 남자 화장실에서 막 청소를 마치고 나오는 여성 미화원과 마주쳐 인사를 건넸는데, 열려 있는 문 너머로 서서 볼일을 보고 있는 남자의 뒷모습이 보였기 때문입니다. 그때서야 저는 학교에 남자 화장실을 청소하는 남자 미화원이 없었다는 사실을 깨달았습니다.

언젠가 텔레비전 뉴스에서 본 지하철역 화장실에서의 일이 생각났습니다. 한 남성이 볼일을 보고 있는데, 어떤 중년 여성이 불쑥 들어와 아무런 설명도 없이 손에 든 탐지기로 남자 화장실 구석구석을 살피다가 나가더랍니다. 이 남자는 얼마나 황당하고 수치스러웠을까요? 그 여성은 서울시에서 운영 중인 보안관으로서 안심 활동의 일환으로 공중 화장실, 공연장 등을 찾아가 적외선 탐지기와 전자파 탐지장비를 동원해 불법 촬영 카메라 설치 여부를 점검하는 일을 한다고 합니다. 하지만 설명하지 않으면 알 수가 없죠. 이제는 남성의 성인지 감수성도 함께 고려한 정책이 필요한 시점입니다.

근래 남성들의 성적 수치심을 대수롭지 않게 여기는 사회 분위기가 자주 감지됩니다. 2017년 평창 동계 올림픽을 찾았던 외국인들 사이에서도 남자 화장실을 청소하는 여성 미화원 때문에 당황스러웠다는 이야기가 있었고,

여성 상사로부터 신체적 성희롱을 당해도 남자가 유난떤다고 수군거리는 것 때문에 수치심을 표현하지 못한다는 기사도 있었습니다. 다음은 관련 뉴스에 누군가 댓글을 쓴 것입니다.

"최근 회사에서 남-남간 성추행 사건이 발생한 적 있는데, 대부분의 사람들이 그냥 넘어가지 남자가 왜 그런 걸 신고했느냐는 반응을 보이더군요. 성폭력 피해자가 여자 분들이 많은 게 일반적이긴 하지만, 남자라고 해서 피해 사실을 밝혔을 때 이런 말을 들어야 하다니… 그런 거 보면 아직은 나아갈 게 참 많은 것 같습니다."

미투 운동, 페미니즘, 'He For She'는 남성-여성 갈등의 시각이 아니라 모두가 혜택을 보는 큰 가치라는 것을 공감해야 합니다. 남성도 여성도 나와 다른 인격체가 아니라 나와 똑같은 인격체라는 점을 바르게 인식할 때, 성별로 인한 거북함과 불편함이 사라지면서 세상이 훨씬 더 평화로워집니다.

Q 43
He For She, 그리고 페미니즘

"페미니즘이 뭔가요?"

"저는 페미니스트인데, 페미니즘이 나쁜 건가요?"

"선생님은 페미니즘을 어떻게 생각하세요?"

학생들로부터 페미니즘에 대한 질문을 종종 받습니다. 페미니즘 (Feminism)은 여성의 권리와 기회의 평등을 핵심으로 하는 여러 형태의 사회적 또는 정치적 운동과 이론을 두루 아우르는 용어입니다. 역사적으로 봤을 때 거의 모든 사회에서 남성이 사회 활동과 정치 참여를 주도해 왔기 때문에 페미니즘은 여성의 권리를 주장하고 실현하는 것을 목표로 합니다.

19세기부터 1950년대까지 영국과 미국을 중심으로 일어난 1차 자유주의 페미니즘 운동은 남성이 독점적으로 누리고 있던 참정권과 사유재산권을 여성에게 확장시킴으로써 주어진 사회 제도 안에서 여성도 한 개인으로서 자신의 가능성을 최대한 발현할 수 있도록 하는 데 주력했습니다. 1929년 영국 소설가 겸 비평가인 버지니아 울프는『자기만의 방』을 통해 여성 소설가와 사상가들이 법과 경제적인 불평등 때문에 겪는 어려움 등을 토로했습니다.

1960년대 이후 1980년대까지 일어난 2차 급진적 페미니즘 운동은 노동 환경과 임금 수준 개선을 비롯한 여러 가지 사회적 불평등 현상으로부터 여성을 해방시키는 것에 집중했습니다. 당시만 해도 여성들은 사회 곳곳에서 수없이 불평등한 현실을 마주해야만 했으니까요. 프랑스의 철학자이자 소설가인 시몬 드 보부아르는 1949년에 발표한 『제2의 성』에서 남성 중심의 가부장제가 어떻게 확대되고 재생산되며 사회 규범으로 자리 잡았는지, 그리고 그 과정에서 어떻게 여성을 사회 규범 밖에 위치한 존재로 억압해 왔는지를 밝혔습니다.

1990년대부터 전개되기 시작한 3차 페미니즘 운동은 여성의 인종, 국적, 종교, 계층, 섹슈얼리티, 문화적 다양성 등에 관심을 갖고 매우 다양한 형태로 발전되고 있습니다. 개개인의 경험을 눈여겨보면서 젠더 및 젠더 정체성의 다채로움에 주목하는 경향입니다. 아울러 페미니즘은 1, 2, 3차 운동 시기를 거치면서 무정부적 페미니즘, 마르크스주의 페미니즘에서부터 블랙 페미니즘과 생태 페미니즘에 이르기까지 복잡한 여러 분파로 나뉘게 됩니다.

학생들이 관심을 보인다는 건 그만큼 페미니즘이 화두이기도 하고, 또 어느 한쪽 방향으로 치우친 극단적 혹은 급진적 페미니즘이 유독 강조되고 있는 현실이 왠지 불편하기 때문이기도 할 겁니다. 저도 어떻게 받아들여야 할지 고민스러워 여러 권의 책을 읽으면서 시간을 두고 생각해 봤습니다. '나는 어떤 사람일까?' 자기 자신을 깊이 들여다보면서 생각하는 건 좋지만 그렇다고 해서 자기 자신에 대해 실망하지는 마세요. 내가 어떤 사람인지만 알면 됩니다. 그러면 내 느낌을 다른 사람에게 일방적으로 강요하지는 않게 될 테니까요.

저는 모든 사람이 페미니스트가 되면 좋겠다고 생각합니다. 페미니스트는 어떤 특별한 사람이 아니라 성 감수성이 예민한 사람입니다. 일부 극단적이고, 급진적인 페미니즘 단체에 의해 페미니스트가 오해를 받고 있기도 하지만, 젠더 감수성이나 페미니즘은 결코 혐오의 대상이 아닙니다. 페미니스트를 극단적인 페미니스트와 동일시하여 혐오하는 사회 분위기가 부각되자 'He For She'가 힘을 얻게 되었습니다. 'He For She'는 양성 평등의 실현을 위해서는 여성뿐 아니라 남성 역시 적극적으로 참여해야 한다는 생각에 동의해 자발적으로 참여하는 남성들을 일컫는 신조어입니다. 남성들이 페미니즘의 필요성에 공감하면서 여성들과 함께 할 의향을 적극 드러내고 있는 것입니다. 여성이 아니어도 여성 인권을 지지할 수 있습니다. 소수 인종이 아니더라도 인종 평등을 지지하는 사람들이 많은 것처럼 말입니다.

"미투 운동, 페미니즘, 'He For She'는 남
성-여성 갈등의 시각이 아니라
모두가 혜택을 보는 큰 가치라는 것을 공감해야 합니다.
남성도 여성도 나와 다른 인격체가 아니라
나와 똑같은 인격체라는 점을 바르게 인식할 때,
성별로 인한 거북함과 불편함이 사라지면서
세상이 훨씬 더 평화로워집니다."

아이들이 작은 화면 속에 갇혀
미디어가 전해주는 메시지에 중독되도록 방치해서는 안 됩니다.
미디어 리터러시 수업을 통해 스스로 건강한 판단력을 길러
미디어와 대중문화를 비판적으로 수용할 수 있게끔 제대로 교육하여
정신의 오염으로부터 아이들을 지켜내는 일이야 말로
아이들을 존중하는 것입니다.

미디어 식별력을
키우는 방법이
있나요?

Q 44 미디어 식별력이란?

지금의 아이들은 상업적인 메시지가 넘쳐나는 세상 속에서 성장하고 있습니다. 따라서 메시지 안에 담긴 숨은 의도가 무엇인지를 정확하게 분별해 내는 것이 필요합니다. 학생들을 가르치는 교사의 입장에서 보면 현재 우리나라에는 홍수처럼 쏟아져 나오는 각종 미디어의 메시지로부터 아이들을 안전하게 보호할 수 있는 장치가 거의 없다시피 합니다.

미국 방송계의 선두 주자인 NBC의 뉴스 앵커 린다 엘러비는 이렇게 조언했습니다.

"미디어 리터러시(Media Literacy, 미디어가 생산해 내는 다양한 형태의 메시지에 접근하여 메시지를 분석하고 평가하고 의사소통할 수 있는 능력)는 중요한 정도가 아니라 인생의 결정적인 요소가 될 것입니다. 미디어 리터러시의 학습 정도에 따라 내 자녀가 대중문화 매체의 도구가 될 것인지, 아니면 대중문화 매체를 도구로 사용할 것인지가 결정되기 때문입니다."

학생들이 일상생활 속에서 대중매체의 잘못된 성 표현을 무심코 받아들이거나 가볍게 지나치지 않고, 비판적으로 걸러서 주체적으로 수용할 수 있도록 제대로 교육해야 합니다. 주변에서 창의적인 대안을 찾는 기회를 갖는다면 더욱 좋겠지요. 대중매체 속의 잘못된 성 표현은 성에 대한 가치관이 완전히 형성되지 않은 청소년들에게 잘못된 성 가치관을 갖게 할 수 있고, 잘못된 성 행동을 유발시킬 수 있습니다.

대중매체는 성의 본질인 생명, 책임, 헌신적인 사랑은 보여주지 않고, 쾌락과 욕망의 성만을 보여주어 성적인 호기심을 일으켜 경제적 이득을 얻으려 합니다. 때문에 교육을 통해 청소년들이 뮤직 비디오, 드라마, 영화, 예능 프로그램, 광고 등의 대중매체로부터 성적인 표현을 접했을 경우, 비판적 태도를 가지고 그 의미와 맥락을 정확하게 파악한 다음 충분한 여과 과정을 거쳐 수용할 수 있게끔 미디어 식별 능력을 키워주는 것은 아무리 강조해도 지나치지 않습니다.

Q 45

미디어

아이들이 보는
뮤직 비디오,
너무 선정적인 장면이 있어요

미디어는 메시지다

지난 2000년 여름에 발표되었던 한 여자 가수의 노래 가사를 찬찬히 살펴보겠습니다.

난 이제 더 이상 소녀가 아니에요.
그대 더 이상 망설이지 말아요.
그대 기다렸던 만큼 나도 오늘을 기다렸어요.
장미 스무 송이를 내게 줘요. 그대 사랑을 느낄 수 있게.
그댈 기다리며 나 이제 눈을 감아요.

뮤직 비디오 앞부분을 보면 재봉틀 위에 하얀 천이 놓여 있고 바늘이 쉴 새 없이 움직입니다. 이때 갑자기 피가 흘러 흰색 천에 번지는 데도 바늘은 계속 움직이고 있습니다. 여성의 거친 숨소리도 들려옵니다. 이게 무슨 의미

일까요? 아이들은 이렇게 대답했습니다.

"첫 경험, 처녀막이 찢어져 피가 나오는 거예요."

이 뮤직 비디오에 나오는 옆이 길게 트인 의상은 놀랍게도 20여 년이 지난 오늘날까지 초·중·고등학교 축제 때마다 댄스 팀이 입는 단골 의상이 되었습니다. 학부모님이라면 아마 대부분 기억하실 거예요. 이 음악이 나오기 전까지는 '성년의 날'이 되면 장미꽃, 향수, 첫 키스라는 세 가지 선물을 은근히 기대하는 문화가 있었어요. 기대한다는 건 이루어지기 쉽지 않다는 뜻이었죠. 청소년 티를 벗고 성인이 되었다는 들뜬 기분에다 애인까지 있어 첫 키스를 할 수 있다면 얼마나 황홀할까, 이렇게 그저 꿈을 꿀 뿐이었습니다. 하지만 이 음악이 나온 지 10년 후 '성년의 날' 문화가 바뀌었다는 것을 보여주는 기사가 있습니다.

'성년의 날'이었던 지난 17일 밤 10시쯤 비가 쏟아지던 서울 신촌 '걷고 싶은 거리' 뒤편 모텔 촌에 여러 쌍의 커플이 허리에 팔을 두른 채 우산 하나를 받쳐 들고 걷고 있었다. 빨간 장미꽃을 든 1990년생 동갑내기 이모(20) 씨와 김모(20) 씨 커플이 한 모텔 앞에서 섰다. 이들은 모텔에 들어갔다 3분도 안 돼 다시 거리로 나왔다. 다른 커플들로 방이 다 찼던 것이다. 이들은 이 골목에서 여러 차례 빈방을 찾던 끝에 한 모텔에 들어갈 수 있었다. 매년 5월 셋째 주 월요일인 성년의 날이면 서울 신촌, 이대, 강남, 신천 인근 모텔은 빈방 얻기가 힘들다. 성년의 날을 맞은 20세 젊은 이들이 '성인식'을 하러 모텔을 찾기 때문이다.

- 2010년 5월 19일자 조선일보

한 편의 뮤직 비디오가 문화를 바꿀 수 있을까요? 당연히 가능합니다. 캐나다의 영문학자이자 미디어 비평가였던 허버트 마샬 맥루한은 그의 저서 『미디어의 이해』에서 미디어의 특성을 "미디어는 메시지다."라는 문장을 통해 확인시켜 주었습니다. 우리가 어떤 방식으로 소통하고 어떤 세계를 구성하며 살고 있는지를 알려주는 메시지가 미디어에 담겨 있습니다.

2009년 12월 어느 날, 인기 절정의 한 남자 가수가 서울 올림픽공원 체조경기장에서 '12세 이상 관람 가' 등급으로 콘서트를 개최했습니다. 그런데 이 콘서트는 다음날부터 여러 매체를 통해 선정적인 공연으로 관심을 받기에 이릅니다. 급기야 여성가족부에서는 형법상 공연음란죄와 청소년보호법 위반으로 수사를 의뢰했습니다. 하지만 검찰 수사 결과 이 가수에게는 '혐의 없음' 판결이 내려졌고, 기획사와 공연 연출자에 대해서만 청소년에게 해로운 공연을 기획해 관람시킨 혐의(공연법 위반)로 약식 기소되어 각각 벌금 300만 원을 납부하는 선에서 마무리되었습니다. 검찰은 "성행위를 연상시키는 침대 퍼포먼스는 2분 정도로 짧았다."고 판결 이유를 설명했습니다. 면죄부를 받은 꼴이 된 이 공연은 이후 콘서트 실황을 담은 DVD까지 발매되었으며, 전국 극장가에서 공연 실황이 개봉되기도 했습니다.

저는 수업 시간에 중학생들에게 이 영상을 보여주고 나서 공연 입장객의 연령 제한을 어떻게 하는 게 좋겠느냐고 물었습니다. 절대다수의 아이들이 19세 혹은 그 이상이라고 대답했습니다. '12세 이상 관람 가' 등급을 붙인 어른들이 원망스럽다고 말한 학생도 있습니다.

그런데 그날 2시간 가량의 공연에서는 이 장면뿐 아니라 다른 노래의 영상도 상영되었습니다. 영상 속 퍼포먼스 역시 상상을 초월할 만큼 끔찍스러웠습니다. 이 영상에서 해당 가수는 잔뜩 겁에 질려 도망치는 전 여자 친구를 칼을 들고 뒤쫓아 가 여러 차례 위해를 가합니다. 비록 그림자로 처리되기는 했지만 피를 흘리며 쓰러져 있는 여성의 모습과 함께 붉은 피가 묻은 가수의 얼굴이 선명하게 클로즈업 되었습니다. 이런 잔인한 영상과 더불어 2만 3천여 명에 달하는 청소년 관객들의 환호성을 동시에 들려줌으로써 폭력을 합리화하고, 긍정하는 메시지를 전달한 겁니다. 한 광역시에 거주하는 남학생은 자신의 블로그에 이런 글을 올렸습니다.

"오늘 공연 실황을 극장에서 보고 왔는데, 한 순간도 눈을 뗄 수가 없었다. ○○○○ 너무 멋지다. 닮고 싶다."

침대 퍼포먼스 공연

이별 살인 내용을 담은 퍼포먼스 영상

이 학생은 이 영상을 단순히 퍼포먼스라고만 보았을까요? 청소년들이 이런 미디어나 문화 상품에 지속적으로 노출되는 것이 무엇이 문제일까요? 앞서 살펴본 초두 효과를 생각해 보십시오. 이제 막 성 개념을 정립해 가는 청소년들이 여성을 상대로 잔인한 폭력을 행사하고, 거칠게 모욕을 주는 상황을 긍정하면서 이에 환호성을 보내는 미디어와 문화 상품에 지속적으로 노출될 경우 자기도 모르는 사이에 이런 행동을 정당화하는 의식이 자리 잡게 됩니다. 그러면 나중에 성인이 된 여성이 정서적 욕구가 필요할 때도 자신에게 못되게 구는 남자를 마치 자신을 너무 사랑해서 그러는 것인 양 혼동하게 됩니다. 남자 또한 여자를 성적으로 학대하는 데 대해 누구나 그러는 것처럼 아무런 죄책감이나 양심의 가책을 느끼지 못하게 되는 까닭에 실생활에서 미디어 속 영상의 메시지가 시키는 대로 따라하게 되겠죠.

★ 존중 포인트

현대 사회에서 미디어의 영향력은 실로 막강합니다. 더군다나 대한민국은 첨단 미디어의 천국입니다. 아이들이 학교에서, 학원에서, 친구 집에서 스마트폰이나 인터넷을 통해 어떤 메시지를 얼마나 접할지 알 수도 없고, 통제할 수도 없습니다. 아이들이 작은 화면 속에 갇혀 미디어가 전해주는 메시지에 중독되도록 방치해서는 안 됩니다. 미디어 리터러시 수업을 통해 스스로 건강한 판단력을 길러 미디어와 대중문화를 비판적으로 수용할 수 있게끔 제대로 교육하여 정신의 오염으로부터 아이들을 지켜내는 일이야 말로 아이들을 존중하는 것입니다.

K-POP의 노랫말을 정확하게 한번 들어볼까요?

한국 대중음악 역사상 처음으로 빌보드 싱글 메인 차트 최고 순위에 올랐던 가수 ○○는 2017년 5월, 새 앨범을 발매하면서 타이틀곡에 대해 묻는 기자에게 이렇게 대답했습니다.

"이 곡은 낯선 여자가 좋다는 노래입니다. 많은 남자 분들이 공감하실 겁니다."

유튜브에는 이 노래의 리듬에 맞춰 신나게 춤을 추는 사람들의 동영상이 많이 올라와 있습니다. 그중에는 유치원생들이 노래를 부르며 춤을 추는 영상도 있습니다. 그런데 그 사람들은 이 노래의 가사를 제대로 한번 들어 봤을까요?

궁합이 떡인지 살살 맞춰 볼까나.
말하지 않아도 알아맞혀 볼까나.
알면 병이야. 어서 나를 따.
너의 맥주병이야. 님의 뽕이야.
너의 맘 나의 맘 두근 두근 두근 워~

이 가사의 뜻이 무엇인지 학생들에게 물었습니다. '궁합이 떡인지 맞춰 본다.'는 것은 어떤 의미인지 알지 못했습니다. 그러나 '어서 나를 따.'가 '빨리 나를 따먹어.'의 의미인 것은 알고 있었습니다. 그러면서 이 부분은 부르기 싫다고 했습니다. 이는 분명 여성을 먹는 음식에 비유한 저속한 표현 아닌가요? 학생들은 항상 경쾌하고 신나는 노래를 불러서 이 가수를 좋아했는데, 가사의 뜻을 알고 나니 부담스러워졌다고 했습니다.

아이들이 좋아하고 자주 접하는 음악을 어른들이 한번 들어볼 필요가 있습니다. 노랫말이 무슨 의미인지, 제대로 뜻을 알고 부르는 것인지 짚어줘야 합니다. 우리가 학창 시절에 시를 외우고 명언을 읊조렸던 것처럼 요즘 아이들은 이런 노래를 외우고 있습니다. 우리가 청소년기 때 암송했던 시와 가곡들이 험한 세상 살아가는 동안 삶을 얼마나 윤기 있게 만들어 주었습니까? 지금 아이들이 암송하는 노래와 광고 문구들이 앞으로 아이들의 삶을 윤기 있게 만들어 줄까요?

난 이 순간을 기다렸어. 내 혀로 너를 녹여 버려.
내 입으로 네 브라를 벗겨. 네 뒤태는 정말 숨이 막혀.
머리부터 발끝까지 키스해 줄게. 여기저기.
한 번으로 만족 못해. 계속 가. 해 뜰 때까지.

지금부터 시작이야. 빨리 올라 타.
힘들기 시작하면 말해. 자리 바꾸자.

너의 목 너의 다리 너의 가슴 and your body.

뜨겁게 보내는 이 밤.

걱정하지 마. 난 지치지 않아.

난 밤새도록 가. 나만 믿고 따라와.

미칠 것 같아. 뜨겁게 보내는 이 밤.

이게 뭘까요? 노래 가사입니다. 그것도 인지도 있는 유명 가수의 노랫말입니다. 비록 '19금'이라는 단서가 붙긴 했지만 포털 검색을 통하면 얼마든지 들을 수 있는 노래입니다.

늘 화제를 몰고 다니는 가수 ○○가 최근에 발매한 뮤직 비디오는 첫 화면부터 마지막 장면까지 잠시도 눈을 뗄 수 없을 정도로 성적인 자극이 많은 영상입니다.

한 여자 가수의 뮤직 비디오 장면   서울의 모 중학교 댄스 팀 영상

위의 왼쪽 뮤직 비디오 장면을 그대로 따라한 여학생들의 댄스 영상을 유튜브에서 쉽게 찾아볼 수 있습니다. 제작자의 의도대로 만들어진 걸 그룹이 섹시 콘셉트로 소비되는 것처럼 우리 아이들도 그렇게 소비되고 있는 겁니

다. 사람들이 환호하는 가수를 따라하는 것이 내가 사랑받는 거라고 잘못 이해한 것이죠. 단상 아래의 친구들이 자신을 좋아해서 환호하는 게 아니라 자신의 자극적인 몸짓에 환호하는 거라는 사실을 정확하게 그리고 반복해서 알려줘야 합니다.

이런 선정적인 춤이 아니더라도 인간과 여성을 아름답게 드러낼 수 있는 춤은 얼마든지 많습니다. 제가 근무하던 한 중학교에서 전 학년을 대상으로 미디어 리터러시 수업을 하고 난 다음 12월 학년말이 되었습니다. 강당에서 공연이 열렸지만 무대에 올라 이런 춤을 추는 학생은 단 한 명도 없었습니다. 아이들은 언제나 존중받기를 원합니다.

수업 시간에 '나쁜' 노래와 춤에 대해 지적할 때 저는 또 아이들에게 사과합니다.

"이건 여러분 잘못이 아니에요. 여러분을 주요 소비자로 보고 이런 노래와 영상을 제작해서 판매하는 일부 어른들이 잘못된 거예요. 우리는 여러분을 책임져야 할 어른들인데, 여러분을 이런 나쁜 미디어와 문화 상품으로부터 지켜주지 못해서 정말 미안합니다."

★ 존중 포인트

경제적 이득을 위해 선정적이고 폭력적인 노래와 영상과 공연을 만들어 청소년들을 유혹하는 사람들은 정말 나쁜 사람들입니다. 하지만 그런 사람들이 의도한 대로 끌려가는 것은 이들을 이롭게 하는 어리석은 행동입니다. 주체적으로 미디어와 대중문화를 선별해서 수용함으로써 그들의 의도에 끌려가지 않고, 그들의 배를 불려주지 않는 것이 결국 그들을 무릎 꿇게 하는 길입니다. 내 아이가 분별력 있고 의식 있는 아이로 성장하게 하려면 부모님들이 많은 노력을 기울여야 합니다. 청소년들이 즐겨 듣는 노래의 가사가 어떤지, 뮤직 비디오 장면이 어떻게 전개되는지, 인기 있는 영화와 공연의 줄거리가 무엇인지를 꼭 확인해야 합니다. 그런 다음 아이를 존중하면서 자연스러운 대화를 통해 아이 스스로 옳고 그름과 좋고 나쁨을 분별하고 판단할 수 있도록 도와야 합니다.

Q
46
미디어
광고는 무엇이 진실인지
주체적으로
읽을 수 있어야 해요

광고는 그야말로 상업적인 메시지의 세계입니다. 우리 아이들이 가장 가까이에서 보고 들으며 성장하고 있기 때문에 그 메시지에 담긴 숨은 의도가 무엇인지를 정확하게 이해하는 것이 중요합니다. 믿기 힘들지만 아이들은 광고 카피를 진실로 받아들이고 있었습니다.

교사 : "성관계 시에 임신을 원하지 않는다면 어떤 피임을 선택할 수 있을까요?"

남학생 : "'○○○'이요."

교사 : "왜죠?"

남학생 : "순하고 부드러우니까요."

교사 : "'○○○'이 왜 순하고 부드럽다고 생각하나요?"

남학생 : "텔레비전에서 봤어요. 뭐 안 좋은 걸 3분의 1이나 줄였다고 했어요."(여기서 3분의 1로 줄였다와 3분의 1을 줄였다로 의견이 갈려 결국 광고를 같이 시청했습니다.)

다음은 남학생이 말한 피임약 '○○○'의 광고 내용입니다.

"스무 살, 사랑에 빠지다. 짜릿하고 부드럽게. 그녀는 안다. 내 몸에 부드러운 피임약, ○○○! 에스트로겐을 3분의 1 줄인 나의 첫 번째 피임약, ○○○!"

먹는 피임약은 하루에 한 번, 한 알씩 복용하는 약입니다. 보통 한 알에 에스트로겐 성분이 0.03~0.02밀리그램씩 들어 있습니다. 부작용 때문에 본인의 상태에 맞게 사용해야 하는 약입니다. 광고에 나온 '○○○'의 경우 에스트로겐 성분이 0.02밀리그램 들어 있습니다. 이것을 순하다고 표현한 겁니다. 0.03밀리그램에서 문제가 생긴 경우 0.02밀리그램이라고 문제가 없을까요? 사람에 따라 다른 것 아니겠어요? 아이들은 광고 카피 그대로를 외운 듯이 또렷하게 기억하고 있었습니다. 대답해 놓고 자기도 놀라더군요. '내가 어떻게 외웠지?' 하고 말이죠.

이런 피임약이나 콘돔 광고는 대상층이 십대와 이십대입니다. '나의 첫 번째 피임약'이라는 카피의 의미는 잘 기억했다가 피임약이 필요하게 되면 처음부터 사용해 달라는 뜻이죠. 부모 세대가 보는 다큐멘터리 프로그램이나 감동적인 영화 등에는 이런 광고가 붙지 않습니다. 십대와 이십대가 주로 보는 애니메이션이나 게임 영화 등에 이 같은 광고가 붙어서 강력한 메시지를 전달합니다.

미디어 리터러시 수업 후 한 학생이 평가지에 이런 글을 남겼습니다.

"선생님이 수업 시간에 보여주신 광고를 텔레비전에서 영화를 보고 있을 때 봤는데, 이렇게 성에 관련된 영상을 아이들이 볼 수 있는 영화 사이의 광고 시간에 집어넣은 것이 많이 이상해서 기억에 남았다."

광고를 보고 이상하다고 생각한 아이와 이런 광고를 가족들이 같이 보는 영화 사이에 집어넣은 제작자와 연출자, 누가 이상한 걸까요?

역시 피임약 광고입니다. 화면 아래 화살표로 표시한 부분에 깨알 같은 글자가 적혀 있는 게 보이시나요? 왼쪽 화면에는 "피임약 사용 후 첫 1년간 일반적 사용 시 8퍼센트의 원치 않는 임신을 경험하였다."라는 문구가, 오른쪽 화면에는 "장기 사용할 경우 주기적으로 병·의원 진료를 받으시기 바랍니다. 두통이나 메스꺼움, 혈전, 질 출혈 등 부작용이 있을 수 있습니다."라는 문구가 적혀 있습니다. 실제 화면에서는 스치듯 지나가 버려 읽기 어렵습니다. 과대광고 과징금을 피해 보려는 꼼수로 밖에 보이지 않습니다.

99퍼센트 피임 효과는 실험실 기준입니다. 피임약의 주요 사용 층인 십대와 이십대가 어떻게 실험실 환경처럼 정확한 시간에 매일 복용할 수 있겠습니까? 부작용 제시에서는 흡연하는 여성은 복용하면 훨씬 더 해롭다는 사실조차 언급하지 않았습니다. 혈전은 뇌출혈, 심근경색으로 나타나죠. 국내에서도 먹는 피임약으로 인한 사망 사례가 보고된 바 있습니다. 2018년 8월 28일 영국을 대표하는 방송국인 BBC에서는 경구피임약을 복용한 여성들 뇌가 마치 남성과 비슷하게 변화하는 부작용이 발생할 수 있다는 연구 결과를 보도했습니다. 그럼에도 불구하고 쉽게 검색되는 인터넷 각종 블로그에는 여전히 먹는 피임약이 안전하다는 글들이 넘쳐납니다. 제약 회사들의 공격적인 마케팅 덕분이라고밖에 볼 수 없습니다.

4세대 피임약의 부작용, 충분한 상담으로 의료 사고 막는다

2016년 5월 인천 검단 지역 한 산부인과에서 △△△의 사전 피임약 '○○○(드로스피레논 3밀리그램 에치닐에스트라디올 0.03밀리그램)'을 처방받아 복용한 여성 환자가 사망했다. 앞서 2012년 2월에도 춘천의 S모 병원에서 월경통을 겪던 환자가 ○○○을 3개월 처방받은 후 약 한 달 뒤 가슴이 답답하고 숨이 차는 증상 등을 보이다 사망한 바 있다. 이밖에 국내 한 산부인과에서 여의사가 ○○○을 복약한 뒤 하지 마비 증상을 보이는 등 '○○○ 사고'가 적잖이 발생했다.

지난 3일에는 사망한 인천 환자 역학 조사 결과 '약물 – 부작용 간 연관성'이 입증된 것으로 확인됐다. 정부는 ○○○을 피해 구제 약물로 선정하고, 환자 유가족에 사망보상금 등을 조만간 결정해 지급한다는 방침이다. 식품의약품안전처 관계자는 "환자 의무기록 등을 분석한 결과 약물이 사망 부작용을 야기한 것으로 확인됐다."며 "더욱이 숨진 환자는 ○○○ 투여 적응증인 '피임'이 아닌 '월경 배란일 조정' 등 허가 초과 적응증을 목적으로 약제를 투약한 것으로 알려졌다."고 설명했다.

사망 사건 후로 △△△ 피임약의 인기가 주춤할 것이라는 예상과 달리 여전히 이 회사의 제품은 가장 많이 처방되고 있다. ○○는 국내 산부인과 사전 피임약 판매율 1위를 차지했다. IMS 헬스 데이터 기준으로 ○○○은 올해 1분기 5억 9,700만 원 어치가, ○○는 24억 9,900만 원 어치의 제품이 팔려 사전 피임약 중 가장 많은 양이 판매됐다.

- 2016년 10월 10일자 브릿지경제 기사

각 피임법 별 일반적인 실패율을 설명하는 도표입니다. 학생들이 가장 많이 놀라고 탄성을 자아내는 순간이기도 합니다. 콘돔의 실패율이 18퍼센트라니요? 그러나 청소년의 경우 콘돔을 사용할 때 피임에 실패할 확률이 여기 제시된 18퍼센트보다 더 높다고 보고 있습니다. 청소년은 아직 미숙해서 적절한 시간에 적절한 방법으로 사용하지 못할 가능성이 많기 때문입니다. 먹는 피임약의 경우도 실패율이 9퍼센트로 꽤 높습니다. 먹는 약으로 피임할 때 여성에 따라 생리를 하지 않는 경우도 있기 때문에 임신 확인이 더 늦어질 때가 많습니다.

각 피임법에 따른 첫 1년 간의 피임 실패율

	피임 방법		최저 실패율(%)	일반 실패율(%)
	피임 안 함		85	85
호르몬 피임제	복합경구 피임제		0.3	9
	프로게스틴단일 경구 피임제		0.3	9
	피임 패치		0.3	9
자궁 내장치	구리자궁내장치		0.6	0.8
	레보놀게스트렐 분비 자궁내시스템		0.2	0.2
	남성용 콘돔		2.0	18
	질외 사정		4.0	22
	월경 주기 조절법		5.0	24
불임 수술	난관불임수술		0.5	0.5
	정관불임수술		0.10	0.15

출처: Contraceptive technology 20th edition, 2011

학교에서 피임 교육을 할 때 각 피임법에 따른 약이나 도구의 사용 방법 뿐 아니라 이에 따른 부작용과 주의사항, 그리고 실패했을 때의 책임 있는 선택 등에 대해서도 충분히 교육이 이루어져야 합니다. 어떤 가수 겸 기획사 대표의 말처럼 섹스는 게임이 아닙니다. 재미있는 놀이도 아닙니다. 달

콤하고 짜릿한 환상도 아닙니다. 여자로 다시 태어나는 황홀한 통과 의례도 아닙니다. 사랑과 책임이 전제되지 않은 섹스는 허무와 파멸을 부를 뿐입니다.

미디어

지금 내가 누리고 있는
문화에 대해
정확히 알아야 합니다

우리가 미디어에 속지 않고 이를 분별해야 하는 이유가 뭘까요? 지금 젊은이들의 성문화에 많은 문제가 있기 때문입니다. 그들은 안전한지 위험한지 전혀 인지하지 못한 채 상업적인 메시지를 믿고 따라가고 있습니다. 안타깝게도 어른들조차 그들이 어떤 문화 속에서 살고 있는지 정확히 모릅니다. 누군가 특별한 의도를 숨긴 채 그들의 눈을 가리고 있습니다.

2017년 8월 질병관리본부에서 발표한 보고서에 의하면 2016년에 새로 발견된 HIV/AIDS(인체면역 결핍 바이러스인 HIV가 후천성면역 결핍증세인 AIDS를 일으키는 바이러스다.) 감염자 수는 1,200명 이상이었고, 이 중 이십대 비율이 가장 높았습니다. 3년 전까지만 해도 삼십대가 가장 많았는데, 이후 계속해서 이십대 감염자 비율이 가장 높게 나타나고 있습니다. 이것이 무엇을 의미하는 걸까요? 지금 우리나라의 십대와 이십대 성문화에 심각한 문제가 있다는 뜻입니다. 다음 페이지의 도표를 보면 눈이 번쩍 뜨이시죠? 내국인 감염자 1,062명 가운데 남성이 무려 94퍼센트인데 반해 여성은 6퍼센트에 불과한 걸로 나타났습니다. 이것은 또 어떻게 해석해야 할까요? 전문가

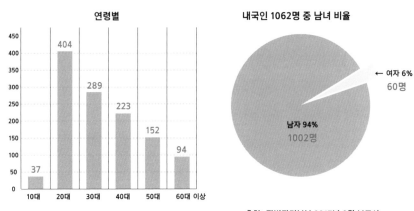

2016 HIV/AIDS 새로운 감염자 수

연령별

- 10대: 37
- 20대: 404
- 30대: 289
- 40대: 223
- 50대: 152
- 60대 이상: 94

내국인 1062명 중 남녀 비율

남자 94%
1002명

← 여자 6%
60명

출처: 질병관리본부 2017년 8월 보고서

들의 의견도 팽팽하게 나눠져 있습니다. 하나는 이십대가 건강검진(HIV를 포함한)을 받는 경우는 대부분 군 입대 시의 신체검사이므로 남성이 높게 나올 수밖에 없다는 겁니다. 여성은 임신과 출산을 앞둔 산전검사가 최초로 검사할 수 있는 기회이므로 이 통계만 가지고 성급히 일반화해서는 안 된다고 합니다. 감염자에게 감염 경로를 물어봤을 때 동성애자라고 답하지 않았다는 것이죠. 다른 한편의 의견은 남성 동성 간 성관계(항문성교)가 원인이라는 설명입니다. 실제로 일본과 미국의 질병관리본부 홈페이지에는 남성 동성 간 항문성교로 인한 HIV 감염 위험성에 대해 분명하게 명시되어 있습니다. 이런 현실을 아이들에게 어떻게 설명해야 할까요? 저는 양측의 의견을 모두 알려줍니다. 그래서 저는 보건 교사로서 정책 제안을 하고 싶습니다. 현재 초등학교 1학년과 4학년, 중학교 1학년, 고등학교 1학년에서 국가 예산으로 시행하고 있는 건강검진을 HIV를 포함해서 대학교 4학년(혹은 졸업반)까지 확대 시행하면 좋겠다는 겁니다. 이들이 사회에 진출해 직장에서 건강검진을 받을 때까지 다시는 검진 기회가 없을 수도 있으니 대학 졸업반 때에 국가 예산으로 건강검진을 받는 것이 의미 있다고 생각합니다.

몇 년 전 한 여중생이 자신의 집 화장실에서 아이를 직접 낳은 후 바로 살해해 아파트 화단 아래로 던져 버린 믿기 어려운 사건이 발생한 적 있습니다.

"교복 위로 헐렁한 체육복을 입은 여학생, 엘리베이터를 타더니 갑자기 배를 움켜잡고 주저앉습니다. 통증이 심한 듯 고개를 들지 못합니다. 잠시 후 중학교 2학년인 열세 살 김 모 양은 15층 자신의 집 화장실에서 아이를 낳습니다. 가위로 탯줄을 자르고는 아이를 여러 차례 찌릅니다. -(담당 수사관 인터뷰) 애가 울면 (화장실) 밖에 부모도 알 수 있고 하니까, 애가 우니까, 자기도 정신없이 그렇게 했답니다. - 김 양은 아이의 시신을 택배 상자에 몰래 담아 아파트 15층 베란다에서 아래 화단을 향해 던졌습니다. 아파트 난간과 외벽, 화단 곳곳에 온통 핏자국입니다. 시신은 다음날 아침 이웃 주민이 발견했습니다. 아이 아빠는 고등학교 2학년 열일곱 살 이 모 군. 둘은 지난해 9월 스마트폰 게임 채팅을 통해 만났습니다. 김 양의 배는 점점 불러왔지만 맞벌이로 바쁜 부모도 학교 교사도 몰랐습니다. 경찰은 김 양을 가정법원 소년부로 넘기고 이 군을 입건할 방침입니다."

- 2013년 9월 13일자 jtbc 뉴스 중

고개만 들면 온갖 자극적인 미디어와 대중문화가 쏟아져 들어오는 환경 속에서 우리 아이들이 살아가고 있습니다. 쾌락을 목적으로 언제든 원 나이트를 즐기라는 메시지들이 K-POP과 광고 등을 통해 청소년들의 무의식 속으로 마구 침투해 들어오고 있습니다. 진보와 자유라는 이름 아래 동성애를 옹호하는 수준을 넘어 아예 노골적으로 동성애를 찬양하며 지향하기까지 합니다. 우리 아이들이 이런 위험 속에 고스란히 노출되어 있습니다.

미디어 속 광고에서는 "괜찮아. 피임만 하면 돼. 안전하다니까." 하면서 거침없이 아이들을 유혹합니다. 하지만 그것은 십대와 이십대에게 피임 기구를 팔 목적으로 행해지는 저급한 상술일 뿐입니다. 성적 자극에 민감한 청소년들에게 그것은 단지 너희들을 꾀기 위한 자극에 불과하다는 사실을 미처 알려주지 못한 어른들의 책임이 큽니다. 아이가 다 커서 이제는 틀렸다고요? 알 거 다 아는데 이제 와서 하는 교육이 무슨 소용이냐고요? 그렇지 않습니다. 오늘이 내일보다 훨씬 더 빠릅니다. 지금부터라도 책임 있는 어른들과 부모, 교사가 힘을 모아 미디어를 어떻게 식별해야 하는지를 가르치는 미디어 리터러시 교육을 해야 합니다.

미디어

아이와 함께 드라마를 볼 때
피하지 마세요,
미루지 마세요!

미디어 식별력을 어떻게 가르칠 수 있을까요? 허버트 마샬 맥루한은 같은 미디어라도 받아들이는 사람들의 자세와 태도에 따라 두 가지로 구분할 수 있다고 했습니다. 예를 들어 텔레비전을 볼 때 다양한 상상을 하면서 의견을 내놓을 수 있다면 차가운 미디어로, 단순하게 정보와 콘텐츠를 받아들이기만 한다면 뜨거운 미디어로 봐야 한다는 겁니다. 아이들이 대중매체의 도구가 되는 것이 아니라 대중매체를 도구로 사용하면서 창의적으로 재생산하도록 하려면 미디어를 차갑게 받아들이도록 해야 합니다. 아래 장면을 차갑게 한번 볼까요?

OOO 방송사 OOOOO, 2010

음악이 흘러나오고, 배경이 반짝반짝하게 바뀝니다. 하지만 (제작자의 의도로 들어간) 음악과 배경을 지우면 강제추행입니다. 화면에서는 화를 내고 돌아나가는 여자를 남자가 쫓아가서 힘으로 제압하며 키스를 합니다. 그런데 갑자기 로맨틱한 분위기가 된 거죠. 분명 형사 처분 대상입니다.

000 방송사 000000, 2017

막 수능을 마친 고3 수험생들. 영화관 앞에서 이야기합니다. "준호야 뭐 볼래?", "아, 허리야. 어디 편한 데 없나?" 다음 장면은 멀티 방 침대에 나란히 누워 기대고 있는 모습입니다. 멀티 방은 19세 이상 성인만 이용가능한데, 망설임도 제지도 없이 들어왔네요. 남학생은 외칩니다. "한 번 하자!" 공중파 방송에서 보여주는 장면입니다. 그것도 아주 예쁘게.

OOO 방송사 ○○○○○○○○, 2017

여 : "아니다. 어제였구나."

남 : "어? 우리 기념일 없는데, 확인 다 했는데…."

(둘은 같은 가게에서 알바생으로 만나 사귀게 된 사이입니다.)

여 : "나, 생리 끝난 날~."

남 : "너 그렇게 중요한 걸 이제 이야기하면 어떡해."

함께 침대로 뛰어듭니다. 방송이 나간 뒤 며칠 지나 페이스북에 올라온 어떤 글입니다. "남친 침대 위로 소환하는 멘트 알라드림." 미디어를 통한 간접 경험이 실제 경험의 토대가 됩니다.

이런 미디어가 비판 없이 그대로 받아들여지고, 반복적으로 노출되는 것은 우리 모두를 불행하게 합니다. 남자들은 섹스에 대해 무책임해지고, 여자들은 섹스를 받아들이지 않으면 사랑받지 못할 것이라는 불안감을 느끼게 되는 것이죠. 사회 문화의 흐름에 비판적 시각과 태도 없이 그저 순응해서는 안 됩니다. 물이 흘러가는 대로 고스란히 몸을 맡기는 것은 쓰레기뿐입니다. 살아 있는 물고기는 물의 흐름을 거슬러 자신이 원하는 방향을 찾아갑니다.

사춘기 아이에게 말을 걸기가 너무 어렵다는 부모님을 자주 만납니다. 아이도 사실은 부모님의 관심과 보호를 받고 싶은데, 표현을 못하고 자꾸 미루다가 대화가 없어져 버린 것입니다. 서로 그 상태가 편한 것처럼 여겨지지만 속내는 둘 다 불편합니다. 아이는 부모가 관심이 없는 것 같아 서운하고, 부모는 아이가 무슨 생각을 하는지 몰라 불안합니다. 대중매체는 이런 부모와 자녀에게 아주 좋은 대화 주제를 던져줍니다. 텔레비전 뉴스를 보다가, 라디오 프로그램을 듣다가, 혹은 지나가는 사람들을 쳐다보다가 문득 생각난 듯 대화의 물꼬를 먼저 터 보시기 바랍니다. 특히 문제가 있어 보이는 장면을 함께 봤을 때는 참지 말고, 미루지 말고, 무엇이 걱정되는지 말씀하십시오. 그런 다음 아이는 어떻게 생각하는지 물어보고, 대답이 나올 때까지 기다려야 합니다. 아직 대화가 오갈 정도가 아니라면 아이가 듣는다 생각하고 혼자서 중얼거리면 됩니다. "주말에 가족들이 같이 볼 시간인데, 저런 장면이 말이 돼?", "진짜 너무 한다. 사춘기 아이 있는 집은 어쩌라고! 15세만 달아 놓으면 다야?" 이런 식으로 말이죠. 가급적 내 아이를 염려하는 입장에서 이야기하면 좋습니다.

★ 존중 포인트

미디어를 차갑게 보는 것은 훈련입니다. 부모님이 먼저 아이와 함께 볼만한 드라마나 뉴스, 다큐멘터리 등을 선별해 놓는 게 좋습니다. 아이들이 절대 봐서는 안 될 프로그램도 미리 알아둬야 되겠죠. 영상은 멍하니 보기만 하고, 음악은 넋 놓고 듣기만 한다면 미디어 리터러시도 안 될뿐더러 부모와 자녀 간의 대화에도 진전이 없습니다. 좋으면 왜 좋은지, 안 좋으면 왜 안 좋은지 서로 대화를 나누고, 상대방 의견에 귀를 기울여야 합니다. 영화관에서 상영하는 19금 영화를 자녀와 같이 봐도 될까요? 영화관에서는 대화가 불가능하고, 화려한 대형 화면과 음향으로 감독의 의도를 찾으며 감상하는 것이기 때문에 이럴 경우에는 뜨거운 미디어 사용자가 될 수밖에 없습니다. 영화관에서 자녀와 함께 영화를 볼 때는 가급적 자녀 수준의 영화를 고르시기 바랍니다. 그밖에 자녀와 함께 미디어를 접할 때는 반드시 차갑게 보는 것을 기억해야 합니다.

Q 49

도덕적 무감각을
그냥 지나치면
안 됩니다

"선정적이고 무가치한 정보들로 가득 찬 사회에서 주목받는 사람들은 오직 유명 인사들과 미디어 스타들뿐이다. 도덕적 불감증은 바로 우리의 활동, 언어, 생각 없이 모방하면서 말하거나 행한 모든 것이며, 모두 우리가 성찰하지 않은, 그러나 잠자코 동의한 악(惡)들이다."

- 지그문트 바우만의 『도덕적 불감증』 중에서

실정법을 위반하거나 명백히 옳다고 인정되는 가치나 규범을 지키지 않는 것을 비도덕적인 행위라고 합니다. 도덕과 비도덕을 구분하는 일은 의외로 단순하거나 쉬울 수 있습니다. 그렇다면 도덕적인 무감각이란 뭘까요? 그것은 이것이 도덕적인지 비도덕적인지를 판단하지 못하는, 즉 자신의 행동이 옳은지 그른지를 전혀 생각하지 않는 것을 가리킵니다. 다시 말해 도덕적으로 무지한 상태를 일컫습니다. 부모님이 가르쳐준 도덕적 기준이나 학교에서 배운 도덕관념이 자신이 각종 미디어를 통해 접하는 수많은 메시지들이 전달하는 그것과 너무도 다르기 때문에 과연 어떤 게 도덕적이고 비도덕적이며, 옳고 그른 건지를 판단할 수 없게 되어 버린 것입니다. 그러니 아예 아무 생각도 하지 않고 미디어를 받아들이면서 무비판적으로 수용하는 겁니다. 위험천만한 일임에 틀림없습니다.

텔레비전과 인터넷에서는 아프리카에서 굶어 죽어 가는 아이들이나 각종 재난 혹은 내전 등으로 죽거나 다쳐서 신음하는 사람들의 안타까운 이야기가 매일같이 비쳐지고 있습니다. 하지만 이런 소식을 계속해서 접하다 보니 아무리 심각한 상황이 발생해도 놀라거나 슬퍼하지 않고 그저 무감각하게 바라보게 됩니다. 함께 애통해 하면서 눈물을 흘릴 만한 일이지만 워낙 많이 본 장면이기에 감정이 이입되지 않고 둔감해진 겁니다. 이런 현상을 심리학에서는 '공감 피로'라고 부릅니다. 같은 공감이 쌓이고 쌓이면 피로감을 느끼게 되어 더 이상 어떤 공감도 일어나지 않는 것이죠. 하루 종일 온갖 자극적인 뉴스를 접하며 살아가는 현대인들은 대부분 이런 공감 피로를 느끼고 있습니다. 공감으로부터 도덕이 싹튼다고 봤을 때 공감 피로는 곧 도덕적 무감각으로 연결될 수 있습니다. 끔찍한 재난에도 공감하지 못하고, 차마 눈 뜨고 볼 수 없는 비윤리적 장면에도 아무 느낌이 없다면 심각한 일입니다.

몇몇 가수들의 공연 실황을 보면 어른들은 큰 충격을 받습니다. 선정적이고 폭력적인 장면들이 너무 많아 내 딸이나 아들이 그 현장에서 환호성을 지르며 열광하고 있으리라는 상상은 하지 못합니다. 믿고 싶지 않을 수도 있습니다. 그러나 그런 공연 현장에서 눈물을 흘리며 발을 동동 구르는 아이들은 중학생이나 고등학생 바로 우리의 자녀들입니다. 십대들은 자기가 좋아하는 가수나 배우 등 연예인들의 모든 말과 행동을 우상시하고 따라합니다. 어떤 도덕적 판단도 하지 않습니다. 그들이 하는 모든 것이 옳다고 믿습니다. 잔인하게 사람을 죽이는 퍼포먼스를 벌여도, 여자를 잔혹하게 성폭행하는 퍼포먼스를 진행해도 소리를 지르며 찬사를 보냅니다. 어떤 윤리적 판단도 할 수 없는 중증의 도덕적 무감각입니다.

선정적인 영상에 지속적으로 접근하거나 오랫동안 포르노에 중독되면 어지간한 노출이나 자극에는 무감각해지게 됩니다. 어렸을 때부터 다양한 미디어를 통해 음란한 영상과 폭력적 장면에 자연스럽게 노출된 아이는 섹스는 게임이며, 폭력도 사랑의 일종이거나 연장이라는 관념이 무의식 속에 자리 잡게 됩니다. 무엇이 좋고 나쁘며, 옳고 그른지를 판단할 수 없게 되는 것이죠. 미디어 속의 세계와 내가 살아가는 현실 세계를 구분하지 못합니다. 그래서 자기도 자신이 좋아하는 그 가수처럼 되는 게 인생의 목표가 됩니다. 청소년들의 장래 희망이 연예인이 된 것은 이미 오래전 일입니다. 어떻게 인생의 출발점에 선 십대들의 꿈과 희망이 보다 높은 이상을 좇는 게 아니라 무대 위에서 입에 담기도 싫은 가사를 쏟아내며 음란한 동작을 반복하는 그들처럼 되는 것일 수 있습니까? 하지만 부모들의 이런 걱정스러운 눈길에도 불구하고 미디어는 지금도 쉴 새 없이 우리 아이들을 도덕적 무감각으로 몰아넣고 있습니다.

그렇다면 어떻게 해야 우리 아이들을 도덕적 무감각으로부터 벗어나게 할 수 있을까요? 어떻게 하면 옳고 그른 것과 좋고 나쁜 것을 제대로 분별해서 생각하고 행동하는 도덕 감각이 예민한 사람으로 성장하게 할 수 있을까요? 무뎌지고 둔감해진 감각을 다시 일깨우는 건 지속적인 사랑과 관심과 대화뿐입니다. 부모의 사랑과 관심과 대화는 아이에게 잃어버린 자신의 정체성과 주체성을 되찾게 해주는 열쇠입니다. 미디어를 접할 때 아이들에게 도덕적으로 무감각한 대중매체에 대해서 분명하게 일러주어야 합니다. 텔레비전을 보면서 도덕적으로 무감각한 장면이 나오면 반드시 지적해 주고, 이에 대해 가족들이 함께 이야기를 나눠 보는 게 좋습니다. 무감각을 일깨워 민감한 도덕관념을 갖게 하는 것은 훈련입니다.

만에 하나 부득이하게 성관계를 가질 수밖에 없다면
성병 감염이나 임신 가능성을 최대한 줄이기 위해
확실한 피임을 해야 하며, 성관계 이후 두 사람의 관계에 대해
진지한 검토와 확인 과정을 거치는 게 좋습니다.
급한 데 이것저것 따질 겨를이 어디 있느냐고 묻는다면
나중에 벌어질 수 있는 모든 일에 대해
혼자 책임질 각오를 해야 합니다.

성 매개 감염병에 대해 관심을 가져 주세요

Q 50

성 매개 감염병

냉이 너무 많이 나오는데,
질염인가요?

"냉이 너무 많이 나와서 팬티가 찢어졌어요. 질염인가요?"

"냉이 아주 많아 항상 팬티라이너를 하고 있는데, 엄마가 피부에 안 좋다고 생리 전후에만 하래요. 매우 불쾌하고 찝찝한데 어떡해요?"

"생식기 주위를 씻어도 자꾸만 가려운데, 어떻게 해야 하나요?"

"여학생인데요. 어렸을 때부터 성기 부분에 염증이 있었어요. 너무 간지러워 계속 긁었더니 더 심해져서 작았던 염증이 커졌어요. 연고를 발라도 간지러워서 계속 긁게 되고… 어떡하면 좋죠? 없애고 싶은데요."

익명 쪽지를 통한 여학생들의 질문입니다. 냉에 대한 질문이 아주 많습니다. 단순 질염과 성 매개 감염병(이하 성병)으로 인한 질염은 증상으로 봐서는 구분하기가 쉽지 않습니다. 그래서 질염을 성병으로 오해하기도 합니다. 성 경험이 있는 여성의 경우에는 성병일 가능성이 있으므로 부인과 전문의 진단이 필요합니다. 원인균에 따라 정확한 처방이 있어야 치료가 가능하기 때문입니다. 가끔 청소년도 성병에 걸리느냐고 묻는 질문도 있습니다. 당연히 청소년도 성병에 걸릴 수 있습니다. 그래서 정확히 알고 있어야 합니다. 성 경험 후에 생긴 질염이 반복적으로 재발해서 고생하고 있는 중2 여학생을 제가 도와준 적도 있습니다.

질 분비물이 정상일 경우와 비정상, 즉 질병일 경우를 어떻게 구분할 수 있을까요? 간단하게 말씀드리면, 속옷이 젖을 정도로 분비물이 많거나 평소와 다른 형상과 냄새가 있을 경우에는 부인과 전문의 도움이 필요한 상태입니다. 질염은 여성들만의 감기라고 불릴 정도로 흔하지만 제때에 적합한 치료를 받지 않으면 불임까지 일으킬 수 있는 위험한 질병입니다. 질염을 악화시키는 요인은 피로, 스트레스, 환경호르몬(인스턴트식품 등), 음주와 흡연, 불규칙한 식습관으로 인한 면역력 저하 등입니다. 여기에 잦은 성관계, 잦은 세척, 피임약 복용, 생리 기구(탐폰이나 미레나 등) 사용 등이 있습니다. 2장에서 말씀드린 것처럼 질염 재발 방지를 위해서는 무엇보다도 질 내부 환경을 항상 정상적으로 유지하는 것이 중요합니다.

Q 51

성병에 걸린 걸
어떻게 알 수 있죠?

성병은 사람과 사람 사이에서 성관계나 다른 성적인 접촉을 통해 전파되는 질환입니다. 최근에는 개방된 성문화로 인해 성병에 노출되는 청소년이 빠르게 증가하고 있습니다. 성에 대한 잘못된 인식이 낳은 이 같은 상황을 아이들에게 정확하게 짚어줄 필요가 있습니다.

하지만 성병과 에이즈 예방에 대한 수업은 참 힘듭니다. 아이들이 힘들어 하기 때문이죠. 내 소중한 몸의 한 부분이 언젠가 성병 때문에 저렇게 변해 갈 수도 있다는 사실을 받아들이기 어렵고 무섭기도 한 때문입니다. 아직 성에 대한 개념이 완성되지 않은 아이들에게 성의 부정적인 면을 자세히 알려줘야 한다는 부담감으로 수업을 준비할 때마다 교사 역시 불편합니다. 그러나 건강하고 안전하게 성을 접하기 위해서는 반드시 짚고 넘어가야 할 문제이기 때문에 이런 부담감까지도 솔직하게 이야기를 나누면서 수업한다면 아이들은 서서히 교사에게 공감해 주면서 잘 배우게 됩니다. 그래서 저는 가급적 이 주제를 뒤로 미루어 두었다가 성에 대해 전반적인 부분을 모두 다룬 다음 마지막 즈음에 수업을 하곤 합니다.

성병으로 의심해 볼 만한 증상에는 어떤 것이 있을까요? 여성은 생식기 구조상 변화를 잘 볼 수 없고, 생리 주기가 있어 조금 이상해도 '생리 때문에 불편한가 보다' 하고 그냥 지나치기가 쉬워요. 흔한 증상은 질이나 음경에서 불쾌한 냄새의 분비물이 나오는 거예요. 소변을 볼 때 따끔거리거나 쓰라림이 있고, 가만히 있어도 성기 주변이 가렵거나 헐거나 물집이 생길 수도 있죠. 아랫배와 골반 주변이 아프기도 합니다. 성병에 걸렸다고 해서 모두 증상이 있는 것은 아니에요. 남녀 두 사람 중 한 사람이 성병으로 진단을 받았으면 다른 한 사람도 함께 치료받아야 합니다. 한 사람만 치료를 받을 경우 증상이 나타나지 않고 잠복되어 있던 상대방으로부터 다시 균이 옮겨 갈 수 있습니다. 그리고 치료가 되었다 해도 재발할 가능성이 높으므로 증상이 시작되면 다시 치료받아야 합니다. 성병을 예방하기 위해서는 첫 번째로 성관계시 반드시 콘돔을 사용해야 합니다. 콘돔은 피임 역할도 하지만 에이즈나 성병을 예방하기도 합니다. 완전하지는 못해도 사용하지 않는 것보다는 예방 효과가 큽니다. 두 번째로 여러 사람과의 성관계는 성병에 걸릴 가능성이 매우 높다는 걸 인식해야 합니다. 여러 사람과 자주 성관계를 한다면, 증상이 없어도 정기적으로 성병 검사를 받아야 합니다.

성병의 종류는 크게 바이러스와 박테리아로 나누는데, 바이러스가 원인인 경우는 HIV(인체면역결핍 바이러스), HPV(인유두종 바이러스), 성기단순포진, C형 간염이 있습니다. 이 중에서 성기단순포진(헤르페스)이 가장 흔한데, 성기와 때로는 입술 주변에 작은 물집 같은 것이 생깁니다. 박테리아가 원

구분	합계	매독	임질	클라미디아 감염증	성기단순포진	첨규콘딜롬
2012	10,000	787	1,612	3,466	2,618	1,495
2013	10,653	798	1,612	3,691	2,870	1,688
2014	12,416	1,015	1,699	3,955	3,550	2,197
2015	18,442	1,006	2,331	6,602	5,019	3,484
2016	24,526	1,569	3,615	8,438	6,702	4,202

질병관리본부 2017년 8월 발표 자료

인인 성병으로는 매독, 임질, 클라미디아, 트로코모나스 등이 있으며, 요즘에는 클라미디아 감염증이 흔합니다.

성기단순포진(Genital Herpes, 이하 포진)은 비교적 최근에 알려진 전염성이 강한 성병의 일종입니다. 증상은 대개 성관계 후 이틀에서 한 달 이내에 나타나지만 균이 잠복 상태로 있어 아무런 증상이 없는 사람도 많습니다. 포진에 감염되면 생식기, 항문, 입 주위가 가렵고 물집이 생깁니다. 이 물집은 3주 정도 계속되다가 없어지기도 하는데, 완치된 것이 아니라서 피로와 스트레스 등으로 면역이 약해지면 얼마 지나 다시 생깁니다. 미국 조지워싱턴 대학교 엘리자베스 교수의 발표에 의하면 이 질병을 보유한 여성들은 '극도의 죄책감'을 가지고 있고, 자신이 깨끗하지 못하며 불결하다는 느낌을 자주 갖는다고 합니다.

2017년 상반기를 기준으로 했을 때, 우리나라 청소년에게 가장 흔한 성병은 비임균성 요도염입니다. 클라미디아, 유레아플라즈마, 마이코플라즈

마, 트리코모나스 등이 원인균인 요도염입니다. 성관계를 통해 감염되는데, 이 성병을 유발하는 균 중 몇 가지는 구강과 항문 같은 점막으로도 감염됩니다. 이 질환은 대부분의 성병과 마찬가지로 성 상대자와 함께 치료해야 하고, 원인균에 따라 쓰이는 치료제가 다르므로 전문의 진단을 먼저 받아야 합니다.

2017년 여름, 인터넷 '네이버 지식인'에 이런 상담 글이 올라왔습니다.

"일주일 전 여자 친구와 성관계를 맺고 나서 클라미디아에 걸렸습니다. 전염이 되는 균으로 알고 있는데, 저도 그렇고 여자 친구도 그렇고 둘 다 처음입니다. 서로 성관계로만 감염될 수도 있는 건가요?"

클라미디아 감염증은 남성은 요도염이나 부고환염을, 여성은 자궁경관염을 일으켜 불임의 원인이 되는 성병입니다. 두 사람 중 한 사람은 이번이 처음이 아니었던 것이죠. 두 사람 모두 빨리 전문의를 찾아 치료를 받아야 합니다.

2017년 질병관리본부에서 발표한 자료를 보면 알 수 있듯 시간이 갈수록 각종 성병 환자들이 증가하고 있습니다. 증가 폭도 큽니다. 의학이 나날이 발달하니 성병도 자꾸 줄어들어야 정상인데, 왜 이런 일이 발생하는 걸까요? 원인은 두 가지로 압축해 볼 수 있습니다. 하나는 젊은이들의 성에 대한 무지입니다. 성에 대한 상식이나 의학적 지식 없이 그저 콘돔만 있으면 걱정할 게 없다는 무지한 생각 때문에 성병이 점점 늘어나고 있습니다.

다른 하나는 역시 젊은이들의 성에 대한 오해입니다. 앞서 여러 번 언급했 듯 섹스를 게임으로 바라보는 시각이 문제입니다. 좋게 포장해서 개방적이 고 진보적이며 자유롭다고 하지만 정확히 이야기하자면 도덕적으로 무감각 한 겁니다. 상대방을 배려하고 둘 사이의 관계를 존중하면서 책임 있는 행 동을 하는 게 아니라 그저 나만 좋으면 되고, 지금 이 순간을 즐기기만 하면 그만이라는 무분별한 태도 때문에 젊은이 사이에 성병 감염률이 떨어질 줄 모르는 겁니다.

매독은 성적 접촉에 의해 전파되는 트레포네마 팔리듐균이 원인으로 초 기에 성기나 항문 주변에 통증 없는 궤양이 생겼다가 수일 후 저절로 서서 히 사라지지만 제대로 치료받지 않았을 경우 2기로 발전하게 되어 몇 주 뒤 온몸에 발진과 함께 두통과 발열을 동반해 장기 손상으로 발전할 수 있는 성병입니다. 과거 전 세계에 걸쳐 많은 사람들에게 공포감을 주었던 무서운 질병입니다. 그러나 의학의 발달과 더불어 선진국에서는 점점 없어지던 추 세였습니다. 그런데 사라진 질병으로 여겨졌던 매독이 최근 젊은이들 사이 에서 만연하고 있다는 사실은 매우 충격적입니다. 2013년 776명이던 매독 환자가 2017년 2,138명으로 5년 사이에 세 배 가까이 증가했습니다. 이 중 이십대가 37퍼센트나 됩니다. 더욱 놀라운 것은 군부대 안에서 발생한 매 독 환자 발생 건수 역시 최근 5년 동안 무려 다섯 배나 증가했다는 사실입 니다. 대학생이나 군인이나 이십대 젊은이들이 매독 앞에 무방비로 노출되 어 있는 꼴입니다. 질병관리본부에서는 결혼이 늦어지고 자유로운 성관계 가 보편화되면서 젊은 성병 환자가 다른 선진국 수준으로 증가하고 있다고 밝혔습니다. 자유로운 성관계와 늦은 결혼 그리고 출산율 저하와 인구 감소…. 이들 사이에 무슨 상관관계가 있을 것 같지 않은가요?

★ 존 중 포 인 트

아이가 다쳤을 때 먼저 놀랐을 아이를 위로하고 상처를 살피기 보다 아이에게 버럭 화를 내면서 야단부터 치는 부모님들이 있습니다. 그런 상황이 발생한 데 대해 화가 나는 심정은 이해를 하지만 그것은 사태를 해결하는 일도, 아이를 존중하는 태도도 아닙니다. 가장 아프고 힘든 건 바로 아이 자신입니다. 아이가 성병에 걸렸을 때도 마찬가지입니다. 아이는 다쳤을 때보다 더 놀라고 위축되어 있습니다. 그런 아이에게 화를 내거나 누구랑 그랬느냐고 다그치는 것은 아이를 벼랑 끝으로 내모는 것입니다. 아이를 위로하고 병을 살펴 치료하는 것이 먼저입니다. 나머지 문제는 차근차근 대화로 풀어야 합니다. 여학생의 경우에는 더욱 조심해야 합니다. 부모와 교사가 잘못 대처하면 평생 상처를 안고 살아가거나 트라우마가 생길 수도 있습니다. 성병보다 더 치료하기 힘든 것이 마음의 병입니다.

Q 52

청소년도
에이즈에 걸리나요?

청소년도 성병에 걸릴 수 있느냐는 질문보다 훨씬 더 많이 받는 질문입니다. 이 질문에는 두 가지 의미가 숨어 있습니다. 하나는 아이들이 다른 모든 성병보다 에이즈가 훨씬 더 무섭고 심각한 질병이라는 인식을 갖고 있는 겁니다. 또 하나는 아이들이 에이즈는 난잡한 성생활을 즐기는 일부 어른들 사이에서만 걸리는 질병이라는 인식을 갖고 있는 겁니다. 하지만 그렇지 않습니다. 우리나라 십대 에이즈 환자도 점점 늘어나고 있는 추세입니다.

2017년 가을, 경기도 용인시에 사는 열여섯 살 A양이 남성 10여 명과 성매매를 한 뒤 에이즈에 걸린 사실이 뒤늦게 드러났습니다. 그러나 A양에게 에이즈를 옮겼거나 반대로 A양에게서 옮았을 가능성이 있는 성 매수 남성들을 추적하기가 어려웠습니다. 스마트폰 채팅 애플리케이션을 통해 음성적으로 이뤄진 성매매였기에 신원 확인이 쉽지 않았던 겁니다.

우리나라 에이즈 환자의 대부분은 남성입니다. 2016년 십대 감염자 중 3명, 이십대 감염자 중 8명만 여성이었습니다. 에이즈는 잠복 기간이 10년 안팎인 걸 감안했을 때 십대에 감염됐지만 이십대에 증상이 확인되는 경우가 많습니다. 그렇다면 사실상 십대가 에이즈에 노출될 위험성이 더 큰 것입니다. 한창 꽃처럼 피어날 나이인 십대에 아이들이 가장 무섭고 두려운 질병으로 알고 있는 에이즈에 걸렸다면 그 아이의 남은 인생은 어떻게 되겠습니까? 십대 에이즈 환자가 늘어나고 있다는 것은 그만큼 성에 무지하며 성을 오해하고 있는 아이들이 많다는 증거입니다. 일부 언론은 학교 성교육의 문제점을 지적하기도 합니다. 하지만 성교육보다 더 중요한 것은 아이들이 가정과 학교에서 바른 인성과 가치관, 도덕관념을 배우고 확립하는 겁니다. 아울러 어른들이 선정성과 폭력성이 난무하는 미디어와 대중문화의 유해한 환경으로부터 우리 아이들을 지키고 보호하는 일입니다.

10대 청소년 및 20대 HIV/AIDS 신규 감염자 현황

(단위:명)

		2006	2007	2008	2009	2010	2011	2012	2013	2014	2015	2016
10대	남성	12	17	20	27	26	38	31	52	36	41	33
	여성	1	0	0	0	2	2	1	1	4	1	3
	계	13	17	20	27	28	40	32	53	40	42	36
20대	남성	149	124	140	152	144	198	249	281	333	345	352
	여성	9	6	14	8	6	10	15	8	11	6	8
	계	158	130	154	160	150	208	264	289	344	351	360

연령별 HIV/AIDS 감염자 비율 비교

(단위:명)

	2000년(%)	2016년(%)
10대	0.7	3.3
20대	22.3	33.8
30대	40.1	22.6
40대	21.9	18.1

10~20대 에이즈 신규 감염이 남성을 중심으로 늘어나는 추세다.(자료 성일종 의원실)

완벽한 에이즈 예방법이 있을까요? 전문가들은 콘돔을 제대로 사용할 경우 80~85퍼센트까지 예방할 수 있다고 합니다. 그러면 나머지는 어떻게 예방할 수 있을까요? 에이즈를 완벽하게 예방하는 방법은 믿을 수 있는 한 사람과의 성관계, 즉 성에 대한 절제뿐입니다.

Q 53

성 매개 감염병

꺼림칙한 성관계를 했다면 어떻게 해야 좋을까요?

내키지 않지만 분위기에 휩쓸려 어쩔 수 없이, 언젠가 할 텐데 자꾸 빼기보다는 화끈하게 남자 친구 소원 한 번 들어주려고, 더 이상 거절하면 둘 사이가 깨질 것 같아서⋯ 이런 이유로 원치 않는 성관계를 갖는 것은 금물입니다. 지혜롭게 이런 상황에서 벗어날 것을 권합니다. 하지만 만에 하나 부득이하게 성관계를 가질 수밖에 없다면 성병 감염이나 임신 가능성을 최대한 줄이기 위해 확실한 피임을 해야 하며, 성관계 이후 두 사람의 관계에 대해 진지한 검토와 확인 과정을 거치는 게 좋습니다. 급한 데 이것저것 따질 겨를이 어디 있느냐고 묻는다면 나중에 벌어질 수 있는 모든 일에 대해 혼자 책임질 각오를 해야 합니다.

좋아하는 사람이나 사랑하는 연인 사이에서 이루어지는 성관계도 이렇듯 살피고 생각할 게 많은데, 하물며 누군지 잘 모르는 사람이나 낯선 사람과의 하룻밤은 얼마나 무모하며 위험한 일입니까? 신원이 확실하지 않은 대상과의 성관계는 정말 금하는 게 좋습니다. 만약 무슨 일이 벌어진다면 하소연할 곳도 의논할 대상도 없습니다. 상대방이 누군지 잘 모르기 때문입니다. 그러나 이 역시 불가피했다면 꺼림칙한 성관계 뒤에는 시기를 잘 살펴서 전문 의료진으로부터 검사를 받아 보는 게 좋습니다. 비위생적인 환경 속에서 성관계를 가졌거나 강제로 성관계를 가졌다면 더욱 그렇습니다. 보통 잠복기가 이틀에서 2주일 정도인데, 이 기간이 지나면 증세가 나타나기 시작합니다. 즉 체내에서 성병을 일으키는 바이러스 혹은 박테리아가 증식을 통해 충분히 많아지는 시기입니다. 이때 검사를 하면 대개 확인할 수 있습니다. 그렇지만 HIV의 경우에는 감염된 지 12주가 지나야 비로소 HIV 항체가 생겨나 검사를 통해 확인할 수 있기 때문에, 꺼림칙한 성관계 후에는 2주 뒤와 12주 뒤 두 번에 걸쳐 검사를 해보는 것이 좋습니다.

★ 존중 포인트

만약 십대인 내 딸 방에 있는 휴지통에서 임신 테스트기를 발견했다면? 혹은 십대인 내 아들 방 서랍에서 콘돔을 발견했다면 어떻게 하시겠습니까? 평소 아무리 개방적이고 진보적인 사고를 가진 부모님이라도 눈앞이 캄캄하고 화가 치밀어 오를 거예요. 하지만 당장 임신 테스트기와 콘돔을 들고 딸과 아들에게 달려가는 건 금물입니다. 그렇게 해서 얻을 수 있는 게 없습니다.

충분히 화를 누그러뜨린 다음 적절한 기회를 만들어 차분하게 대화를 해야 합니다. 장황하게 훈계를 해도 아무런 효과가 없습니다. 아이를 추궁해 죄인으로 만들면 대화가 되지 않습니다. 아이가 마음을 열고 속내를 드러낼 때까지 기다려야 합니다. 좋은 부모가 되는 건 참 어려운 일입니다. 좋은 부모란 기다릴 줄 아는 부모입니다.

"요즘 애들이 어떤 애들인데… 이런 수업으로 효과가 있겠어요?"
학부모들을 대상으로 실시한 성교육에 참석한 어떤 아빠께서
이런 질문을 하셨습니다. 질문이라기 보다는 학교 성교육에 대한
깊은 불신을 표시한 말씀이었죠. 저는 수업 후
아이들에게서 받아두었던 평가지를 보여드렸습니다.
질문했던 아빠는 그때서야
"이런 걸 보여주셔야 우리 부모들이 학교를 믿지요."라고 말씀하셨습니다.

수업이나 강의 후 흔히 하는 질문들

Q 54

야동을
끊을 수가 없어요.
제발 도와주세요!

"어떻게 하면 야동을 끊을 수 있을까요? 몇 번이고 노력했는데…."

아직 어린아이 같은 중학생들이 음란물로 인해 고통 받다가 상담하기 위해 보건실 문을 두드릴 때는 안타깝기도 하지만 한편으로 대견하기도 합니다. 이런 문제로 교사를 찾아오는 아이들에게는 한 가지 공통점이 있습니다. 평소 야동 같은 건 전혀 보지 않을 것처럼 얌전하게 학교생활 잘하는 아이들이라는 것입니다. 이를 보면 우리가 예상하는 것보다 훨씬 더 많은 아이들이 음란물 때문에 힘들어 하고 있지 않을까 추측합니다. 성희롱 사건 등을 일으킨 아이를 상담하다가 음란물 상담으로까지 확대되는 경우도 있습니다. 각종 음란물은 성을 성기와 성행위로만 생각하게 합니다. 밝고 아름다운 성을 보여주지 않고, 사람을 사랑하고 좋아하는 감정도 빠져 있습니다. 사랑하는 사람과 더 친밀해지고 싶은 욕구로 성관계에 이르게 되는데, 사랑을 쏙 뺀 채 폭력적이고 자극적인 성만을 추구하다 보니 인간에 대한 존중과 배려가 사라지고 극단적 쾌락과 환멸만 남게 됩니다. 이런 음란물을 통해 자극을 받고 성충동을 해소하는 것이 습관이 되면 점점 자신이 중독에 이르는 것 같은 두려움을 느낍니다. 어떻게든 끊고 싶지만 자기도 모르게 더욱 집착하게 되는 이율배반에 빠집니다.

수업이 아닌 상담 시간에 아이와 야동에 대해 대화를 나눌 때는 아이의 현재 모습 그대로를 온전히 수용하는 태도로 대화를 나누어야 합니다. 먼저 왜 음란물을 끊고 싶은 건지를 물어보세요. 죄책감 때문에? 자신이 여자라서? 내용이 너무 폭력적이어서? 아무도 모르게 감추고 있어서? 잦은 자위행위로 피곤해서? 여러 가지 이유가 있을 겁니다. 자신의 감정을 솔직하게 드러낼 수 있도록 해주세요. 그리고 그 감정에 충분히 공감해 주세요.

독일의 종교개혁자인 마르틴 루터가 유혹에 대해 말한 것처럼, 내 머리 위로 새가 지나갈 수 있어요. 그러나 새가 내 머리에 둥지를 틀게 해서는 안 됩니다. 성충동을 느끼고 호기심을 갖는 것은 건강한 욕구이기 때문에 부끄러워할 필요가 없습니다. 하지만 음란물에서 보여주는 성은 왜곡되어 있고 폭력이 가득하기 때문에 잘못된 성 개념을 심어줄 수 있어 의지를 가지고 보지 않으려 노력해야 합니다. 내 소중한 몸이 자극적인 음란물에 쉽게 반응하는 것이 습관이 되면 현실의 미묘하고 섬세한 설렘과 떨림을 알아차리지 못하게 됩니다. 그러면 나중에 성인이 되었을 때 안타깝게도 자기 주도적으로 아름다운 성을 누리지 못할 수 있습니다.

음란물을 보지 않으려고 노력하면서 하루하루 견디다 보면 어느새 저만치 멀어져 있는 자신을 발견하게 될 겁니다. 오늘 하루, 지금 한 순간을 포기하지 마세요. 스마트폰에 음란물을 차단하는 애플리케이션을 깔고, 잠자러 갈 때는 스마트폰을 거실에 두고 들어가는 게 좋습니다. 컴퓨터 역시 가족 공용 공간으로 옮기는 게 낫겠죠? 잠들기 전에 운동(농구, 줄넘기, 걷기 등)을 한다면 금방 숙면에 이르게 될 거예요. 사람마다 다르므로 자신에게 맞는 방법을 찾으면 됩니다. 어떤 중독이든 이에서 벗어날 때 가장 좋은 방법은 사람과의 교류입니다. 가족이나 친구들과 더 자주 교감하면서 기쁨을 발견한다면 음란물 중독에서 벗어날 수 있습니다. 한 가지 덧붙이자면 계속해서 음란물을 탐닉하면 어떻게 되는지 다른 사람의 삶을 들여다 보는 것도 좋은 방법입니다. 온라인상에 금욕 카페들이 많습니다. 얼마나 많은 사람들이 청소년기부터의 음란물 탐닉에 대해 후회하며 여전히 고통스러워하고 있는지 잘 알게 될 겁니다.

Q 55

아이가 부모의 성행위를
목격하는 게
왜 안 좋은가요?

이는 정신분석학에서 매우 중요한 의미를 갖습니다. '원초적 장면(Primal Scene)'이라고 부르죠. 아이가 목격한 부모의 성행위 장면은 아이의 무의식을 뒤흔들어놓아 건전한 정신의 성장을 방해합니다. 가학 및 피학 장애 등 성도착증, 발기부전, 조루, 흥분 장애 등 성기능 장애, 신경증과 정신분열병 등 정신 질환이 생겨날 수 있습니다. 원초적 장면은 인간 모두에게 해당되며, 무의식적으로 성에 대해 부정적인 인식을 갖게 됩니다. 우연히 부모의 성행위를 목격하거나 성행위 때 내는 엄마의 소리를 듣게 된 자녀들은 부모의 권위를 부정하게 되는 경우가 흔합니다. 평소 부모가 엄격하거나 권위적일 때 받는 충격은 더 심합니다. 그럴수록 아이의 반항 정도 역시 더 커집니다.

가장 좋은 것은 자녀에게 이런 모습을 보이지 않는 것이지만 만약에 아이가 이를 목격하게 되었다면 가급적 빠른 시일 내에 최선을 다해 이를 수습해야 합니다. 민망하고 어색하다는 이유로 차일피일 미루면서 문제를 정리하지 않으면 아이를 평생 괴롭히는 원초적 장면으로 남게 됩니다. 당황하지 말고 먼저 에티켓(문 잠그기)을 지키지 않은 것에 대해 아이에게 사과해야 합니다. 그리고 물어보세요.

"너는 뭘 보았니?"
"그것을 볼 때 느낌이 어땠어?"

이렇게 말이죠. 아이가 느꼈던 감정을 솔직하게 이야기하는 것으로부터 대화를 시작해 보십시오. 그런 다음 아래의 조언을 따라 차분하게 대화를 진행시켜 나가면 됩니다.

1. 아이가 성에 대해 물을 때는 성의 긍정적인 면에 대해서 이야기합니다.
2. 성행위는 사랑하는 사람과의 접촉이며, 사람은 진정으로 사랑하는 사람과 관계를 맺는다는 점에서 동물과 다르고, 야동 등 음란물과도 다르다는 사실을 정확하게 가르쳐 주세요. 산책하다가 길에서 강아지들이 성적 행동을 할 때, "사람과 다르지?", "사람은 진정으로 사랑하는 사람과 성적인 행동을 하는데…" 라고 짚어주는 것도 아이의 머리에 남습니다.
3. 아이에게 성의 부정적인 이미지를 주지 않으려면 아이가 6, 7세가 되었을 때부터 부모와 함께 목욕을 해서는 안 되며, 자녀들 앞에서 발가벗고 돌아다녀서도 안 됩니다. 이 나이를 즈음해서 부모가 아이를 관심 있게 살펴야 합니다. 나이에 대해서는 전문가들 사이에서도 의견이 분분합니다만, 개인차가 많기 때문에 아이가 불편해 한다든가, 다른 사람을 바라보는 시선에 뭔가 조금 다른 것이 느껴진다면 그때가 바로 내외해야 할 시기입니

다. 일반적으로는 가족 간에도 늦어도 11세가 되면 아무 일이 없더라도 반드시 따로 재우고, 부모도 옷을 단정하게 갖춰 입는 게 필요합니다. 아이를 성적인 존재로 존중해 주는 것입니다.

Q

56

가장 많이 하는 질문(FAQ)

서클을 이용한
성 수업도 가능한가요?

학교 폭력 문제를 평화적으로 해결하는 방법으로 회복적 정의, 회복적 생활교육, 회복적 서클이 주목받고 있습니다. 가해자에게 가장 큰 엄벌은 피해자의 회복을 위해 노력하면서 책임을 지도록 하는 것입니다. 또한 서클을 이용해 참여자의 느낌과 욕구를 되찾을 수 있게 도와주면 서클의 역동성으로 심각한 갈등이 예방되거나 회복되는 결과를 가져오기도 합니다.

성희롱과 제3자 개입 서클

목적 : 성희롱의 일반적인 모습 생각해 보고, 성희롱이 타인에게 미치는 영향을 탐구한다. 성희롱을 당하는 사람을 대신해 문제에 개입할 수 있는 방법을 생각해 본다.

준비물 : 토킹 스틱, 시나리오를 적은 전지, '시나리오 선택하기' 활동지(양면에 인쇄하여)

사전 준비 : 의자에 앉은 서클 참여자들이 둥글게 둘러앉는다.

1. 침묵으로 초대하기 : 잠시 멈추고, 눈을 감고, 호흡을 하고, 소리를 듣는다.

2. 공간 열기 : '바람이 분다.' 게임 혹은 다른 것으로 연다.

3. 서클의 기본 약속 확인하기 : 토킹 스틱, 경청, 말하는 순서, 패스 등

4. 마음 연결하기 : 오늘 내 마음을 무겁게 하는 것과 가볍게 하는 것 한 가지씩 나눈다.

5. 중심 활동하기 : 전지에 적은 성희롱 시나리오를 칠판에 붙이고 함께 읽는다.

시나리오 1 - 복도를 걸어가고 있는데, 어떤 사람이 여자 아이의 엉덩이를 만지는 것을 보았다. 여자 아이는 화가 났지만 아무 반응도 하지 않았다.

시나리오 2 - 반 친구가 후배를 화장실로 끌고 가서 문을 잠그는 것을 보았다. 후배가 소리를 지르면서 문을 발로 차는 소리를 들었다.

시나리오 3 - 친구들이 자신들이 좋아하지 않는 여자 아이의 치마를 사람들 앞에서 들추려는 계획을 세운다.

시나리오 4 - 친구가 다른 아이의 바지를 친구들이 보는 앞에서 내렸다.

시나리오 5 - 누군가가 스마트폰으로 반 친구의 옷을 벗은 사진을 내게 보냈다.

시나리오 6 - 친구의 성과 관련된 소문을 들었다.

시나리오 7 - 페이스북이나 SNS에서 친구에 관한 성적인 댓글을 보았다.

6. '시나리오 선택하기' 양면에 인쇄된 활동지를 1장씩 나눠준다. 2개의 시나리오를 골라 각각의 상황에 맞는 활동지를 작성하게 한다.

7. 나눔 활동하기

① 작성한 시나리오 상황 중 하나를 선택해 주세요. 내가 당사자라면 어떤 느낌일지, 이 상황을 본 제3자라면 어떤 느낌일지, 당사자를 돕기 위해 내가 할 수 있는 일은 무엇인지를 이야기 나눠 봅시다.

② 시나리오와 같은 상황을 본인이 겪은 적이 있나요? 누군가 내 경계선을 침범했을 때의 경험을 이야기해 줄 수 있어요? 그때 기분은 어땠나요? 무슨 말을 했고, 무엇을 했나요? 다른 사람이 한 말과 행동은 무엇이었나요?

③ 시나리오와 같은 상황을 본 적이 있나요? 그때 기분은 어땠나요? 무슨 말을 했고, 무엇을 했나요? 무슨 말을 하고 싶었나요? 무엇을 하고 싶었나요?

④ 시나리오와 같은 상황을 목격한 제3자로서 당사자를 돕기 위해 내가 할 수 있는 행동을 실천하기 위해 필요한 것은 무엇인가요?

8. 배움 나눔하기 : 오늘 서클에서 배운 것은 무엇인가?

9. 공간 닫기 : 참여자 모두 함께 일어나 서클이 진행되는 동안 쌓였을 긴장감과 불편함을 털어낼 수 있도록 몸 전체를 흔들도록 초대한다. 참여한 모두에게 감사 표현한다.

- 출처 : 『서클로 나아가기』(캐롤린 보이스-왓슨, 케이 프라니스 지음·이병주, 안은경 옮김)

시나리오 선택하기

시나리오를 선택하고 당사자가 어떤 기분일지, 이를 지켜보는 제3자였다면 본인은 어떻게 느꼈을지, 당사자를 어떻게 도울 수 있는지 생각해 본다.

선택한 시나리오의 상황

당사자의 기분	이 상황을 본 제3자의 느낌	내가 당사자를 돕기 위해 할 수 있는 일

Q 57

과연
학교 성교육이
효과가 있을까요?

"요즘 애들이 어떤 애들인데… 이런 수업으로 효과가 있겠어요?"

학부모들을 대상으로 실시한 성교육에 참석한 어떤 아빠께서 이런 질문을 하셨습니다. 질문이라기 보다는 학교 성교육에 대한 깊은 불신을 표시한 말씀이었죠. 저는 수업 후 아이들에게서 받아두었던 평가지를 보여드렸습니다. 이런 걸 보여드리면 제 자랑이 되는 것 같아 망설였지만 어쩔 수 없었습니다. 학교 성교육이 아이들의 자존감을 얼마나 높여주고, 바른 성 개념을 형성하는 데 얼마나 기여했는지 생생하게 보여주는 자료였으니까요. 질문했던 아빠는 그때서야 "이런 걸 보여주셔야 우리 부모들이 학교를 믿지요." 라고 말씀하셨습니다. 학교에서의 체계적인 성교육이 우리 아이들을 어떻게 변화시키는지 봐 주세요. 3월 첫 수업 시간에 작성한 글과 7월 마지막 수업 시간에 작성한 글을 비교해서 보겠습니다.

◆ 3월 첫 주 성교육 첫 수업 시간 A 아이의 반응

◆ 3월 첫 주

성이라는 말을 들으면 나는 비밀이 생각난다. 그림에서 실루엣만 보이는 산처럼 잘 알 수가 없고, 아무도 알려주지 않는, 오히려 숨기려는 것이었기 때문이다. 또한 어둡고 위험해 보이는 산처럼 성은 아주 어렸을 때부터 성추행, 차별과 같은 말로 기피해야만 할 것이 된 것 같다.

◆ 7월 마지막 주 성교육 마지막 수업 시간 A 아이의 반응

> 3. 선생님의 수업에서 가장 좋았던 점과 이유는?
>
> 다른 이른들이 외면하고
> 가르쳐주지 않았던 민은
> 문제들에 대해서 이야기
> 해주셔서 좋았습니다.
> 또 이런 수업들이 나를 가치관을
> 가지는데 아주 큰 그림이 되었고
> 2학년때도 또 수업을 듣고싶다 ...
> (없어서는 안될 수업이라고 생각한다)

◆ 7월 마지막 주

그동안 어른들이 외면하면서 정확하게 가르쳐주지 않아 성이 불편하게 느껴졌지만, 수업을 통해 정확하게 알게 되어 바른 가치관을 세우는 데 크게 도움이 되었으며, 없어서는 안 될 꼭 필요한 수업이라고 표현했습니다.

◆ 3월 첫 주 성교육 첫 수업 시간 B 아이의 반응

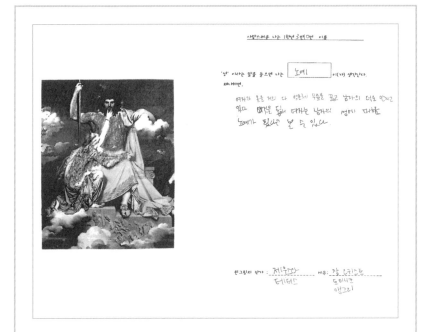

◆ 3월 첫 주

성이라는 말을 들으면 나는 노예가 생각난다. 여자가 옷을 거의 다 벗은 채 무릎을 꿇고 남자의 턱을 만지고 있다. 이것을 통해 여자는 남자의 성에 대한 노예가 되었다고 볼 수 있다.

◆ 7월 마지막 주 성교육 마지막 수업 시간 B 아이의 반응

> 3. 선생님의 수업에서 가장 좋았던 점과 이유는?
>
> 십대들의 성을 잘 가르쳐주신 것 같아
>
> 개념을 잘못잡혀있다는 것도 느꼈고
> 그 느낀 순간 십대에 맞게 개념을
> 제대로 잡혀준 것 같아서
> 엄청 많고 편견이 좀 없고
> 만큼 감사했던거 같다

◆ 7월 마지막 주

이 학생이 어떤 수업을 통해 자신의 성 개념이 잘못되었다는 것을 깨달았는지는 알 수 없지만, 학교에서 다양한 주제로 성에 대해 천천히 배우는 것이 이미 잘못 잡혀 있는 성 개념도 제대로 고쳐줄 수 있다는 희망을 갖게 해줍니다. 이렇게 스스로 깨우쳐 나가면 성에 대한 바른 가치관이 천천히 내면화 될 것입니다.

◆ 3월 첫 주 성교육 첫 수업 시간 C 아이의 반응

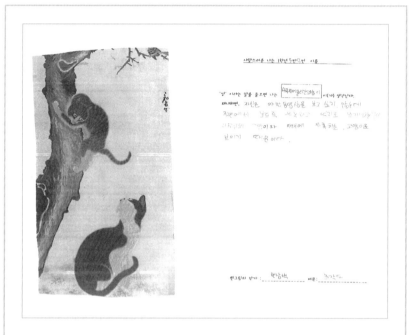

◆ 3월 첫 주

성이라는 말을 들으면 나는 나무 위에 올라간 고양이가 생각난다. 자신은 야한 동영상을 보고 싶지 않은데, 주변에서 보도록 유혹하고, 억지로 보게 하는 것이 나무 위의 고양이와 아래에 유혹하는 고양이로 보이기 때문이다.

◆ 7월 마지막 주 성교육 마지막 수업 시간 C 아이의 반응

1. 보건수업 중 가장 기억에 남는 단어 그 이유는?

2. 선생님의 성 수업은 나에게 어떤 영향을 주었나?

◆ 7월 마지막 주

주변의 유혹에 속수무책 노출되어 야동을 자주 접하던 아이가 야동이 현실과 다름을 배우고 나서 성은 더러운 것이 아니라 아름다운 것이라는 것을 스스로 깨달았습니다. 성 수업을 받기 전과 달리 받은 이후 성에 대한 자신의 생각이 달라진 것을 발견했네요.

그 밖의 평가지 작성 글 사례

"제가 원래 음란하고 야한 걸 많이 좋아했었지만 지금은 선생님 덕분에 음란한 면이 많이 줄었고, 건전한 남자다운 성생활에 한걸음 더 나아갈 수 있었어요. 참 많은 생각이 들었어요. 감사합니다."

어떻게 해서 이 아이는 스스로 '건전한 남자다운 성생활'에 한걸음 더 다가갈 수 있었을까요? 성교육은 스스로 많은 생각을 할 수 있도록 여백이 있는 수업이어야 합니다. 교사나 부모가 먼저 결론을 내려 무작정 따르라고 강요하는 것이 아니라 충분히 생각할 수 있게 열린 질문을 하고, 수업 시간이라는 안전한 장 속에서 친구들과 함께 생각할 수 있게끔 기다려 주는 것입니다. 아이들을 믿고 기다리면 고맙게도 스스로를 존중하는 선택을 합니다.

"그동안 성은 조금도 다가갈 수 없는 두렵고 무서운 존재였는데, 성 수업을 듣고 나서부터 깨끗하고 소중하다는 것을 알았다."

아이들이 맨 처음 성을 접할 때 음란물로 접하게 되면, 그 음란물이 강력한 판단 기준이 되는 거예요. 심지어 동성간 성관계 음란물을 먼저 접한 아이는 항문 성관계가 일반적인 것이라고 생각한다는 겁니다. 평생 아름답고 행복하게 누려야 할 성이 두렵고 무서운 존재로 자리 잡는 건 너무 불행한 일이잖아요? 우리가 늦기 전에 아이들에게 바른 성에 대해 가르쳐야 할 이유가 여기에 있습니다. 음란물이나 잘못된 미디어가 자리 잡기 전에 먼저 시작해야 합니다.

"성을 알게 된 후 더럽고 안 좋은 이미지가 있는 부정적인 성 이미지를 버리고, 신성하고 소중하고 아름다운 성의 이미지를 쌓게 되어서 정말로 좋습니다. 성 수업을 통해 훨씬 더 조심스럽게 생식기를 관리할 수 있게 되었고, 많은 것을 알게 되어서 기쁩니다."

더럽고 부정적인 성 이미지를 버리고 신성하고, 소중하며, 아름다운 성 이미지를 갖게 된 기쁨이 그대로 전해져 옵니다. 3월 첫 수업 시간 때 아이들을 보면서 느꼈던 안타까움과 책임 있는 어른으로서 갖게 된 죄책감이 이 글을 읽는 순간 한꺼번에 기쁨으로 바뀝니다.

"야동을 더욱 보기 싫게 해주셨고, 나의 성에 대한 존중이 생겼다. 그리고 다른 사람과 그의 성에 대한 존중도 생겼다."

음란물이 사람에게 얼마나 많이, 그리고 오랫동안 영향을 미치는지를 알게 되면 아이들이라도 진저리치지 않을 수 없을 거예요. 야동이 보기 싫어지는 이유는 야동이 왜곡된, 잘못된 성이라는 것을 배우고 나니 음란물 속에 가둬두기엔 자기 자신이 너무 소중하기 때문일 겁니다. 자신의 성이 소중하다는 것을 깨닫게 되면 자신의 성을 아끼고 존중하게 됩니다. 다음 순간 자신의 성이 곧 자신임을 깨닫습니다. 자신이 소중한 줄 아는 아이는 다른 사람도 소중하다는 걸 알게 되죠. 그걸 깨달은 아이는 다른 사람의 성을 침범하지 않습니다.

어떻게 교육을 해야 성폭력을 예방할 수 있을까 고민하는 분들이 많습니다. 성폭력을 하면 이렇게 저렇게 응징한다느니 혹은 처벌이 점점 더 강해질 거라느니 하는 식으로 겁을 주는 교육으로는 성폭력이 예방되지 않습니다. 시간이 조금 더 걸리더라도 아이들의 물음을 비난하지 않고 존중하면서 다양한 주제를 가지고 성을 가르치면 스스로 바른 성 개념을 내면화하여 오랫동안 어쩌면 평생토록 아름다운 성을 누리며 평화롭게 살아가게 되지 않을까요?

> "낙태 수업이 기억에 남는다. 의미가 많은 수업이라는 생각이 들고, 모둠 수업을 통해 아이들 의견을 들어본 후 책임감이 생긴 것 같았다."

가치 내면화가 요구되는 수업일수록 학생들 스스로 참여할 수 있는 활동 수업을 해야 합니다. 어른들이 성관계는 책임질 수 있을 때 하는 거라고 아무리 외쳐도 듣지 않던 아이들이 한 교실에서 주고받는 '친구들의 의견'에는 귀를 기울입니다. 또래가 세상에서 가장 중요한 때에요. 바른 성 가치관을 내면화 하는 것이 목표인 성 수업에는 배움의 공동체 수업 모형이 최고의 방법이라고 생각합니다. 수업 디자인은 교육 과정을 재구성하여 간결하게 준비하고, 실제 수업에서는 아이들 안에서 어떻게 배움이 일어나는지를 민감하게 관찰하면서 충분히 기다려 줍니다.

> "성교육을 할 때는 학생들이 조금만 잘못 이해해도 안 좋은 성의 길을 걸을 수 있는데, 우리 학생들이 오해할 만한 내용들을 보다 정확하게 짚고 넘어가서서 정확한 성 지식을 쌓을 수 있었다."

청소년의 뇌(특히 전두엽) 기능은 아직 미성숙하여 현실적인 고려 없이 자기 좋은 대로 받아들일 가능성이 크기 때문에 오해할 만한 내용은 과학적이고 전문적으로 정확하게 짚어줘야 합니다. 다른 교과처럼 성 수업도 아이들 수준보다 조금 어렵게 가르치면 훨씬 더 잘 배웁니다. 또한 성교육은 윤리적이어야 합니다. 성윤리에 대한 진보적인 생각을 어디까지 허용할 것인가? 이 물음까지도 미숙한 청소년에게 맡기는 것이 적절한지는 깊이 생각해 봐야 합니다. 청소년기는 아직 도덕성이 완전하게 형성된 시기가 아니기 때문입니다.

> "나의 성은 음란물이다. 아직은 음란물로밖에 못 느꼈기 때문이다."

이런 아이는 어떻게 지도해야 할까요? 학교 성교육이 모든 성문제를 해결할 수는 없습니다. 몇 시간 동안의 성 수업으로 모든 학생의 잘못된 성 개념이 바르게 수정된다면 얼마나 좋겠습니까만 현실은 그렇지 못합니다. 이 학생은 실명으로 작성한 마지막 수업 평가지에 이렇게 적었어요. 음란물 밖의 성을 경험하고 싶은 욕구가 느껴지는, 성교육 담당 교사를 긴장하게 하는 글입니다.

가정이 어떤 상황인지 살펴보니, 부모님은 멀리 지방에서 생업에 종사하시고, 이 아이는 할머니와 둘이 사는데, 최근에 치매 진단을 받으셨더라고요. 어른들의 보살핌을 받지 못하는 아이는 방과 후에 오직 야동만이 친구 역할을 해주는 셈입니다. 가까이 있는 유일한 어른인 교사는 이 학생에게 어떤 존재가 되어야 할까요? 효과적인 의사소통 경험을 하게 해주는 것이 하나의 방법이 될 수 있습니다. 갑자기 추워진 11월 초 어느 날 아침, 아이가 겉옷도 입지 않고 얇은 면 셔츠 교복 차림으로 등교하는 것을 보았어요.

"우리 집에 유행에 뒤떨어진다며 외면 받는 새것 같은 구스다운 점퍼가 있는데, 갖다 줄 테니 입을래?"

저는 그 아이를 불러 이렇게 말을 건넸습니다. 그랬더니 해맑게 웃으며 좋아하더군요. 다음날 아침 저는 잘 손질한 점퍼를 보건실 안에 있는 옷걸이에 보기 좋게 걸어두었습니다. 일찌감치 등교한 그 아이는 보건실에 들어서자마자 눈을 반짝이면서 그 옷이 자기 거냐고 몇 번이나 되물으며 점퍼를 품에 와락 껴안았습니다.

그 후 아이는 복도에서 저를 만나면 멀리서도 다정하게 인사를 했고, 근사하게 보이기 위해 노력하는 것이 눈에 띄었습니다. 누군가에게 좋은 모습을 보이고 싶다는 것은 청소년기를 건강하게 지나가고 있는 것이라고 봅니다. 비록 가정에서는 존중받지 못하고 보살핌을 받지 못했지만, 나도 다른 누군가와 성공적으로 소통하고 존중받는 존재일 수 있다는 경험을 반복하게 되면 이 아이는 점점 더 건강하게 자랄 수 있을 거라고 생각합니다. 교사는 누구에게든지 그런 존재가 될 수 있게끔 노력해야 합니다.

"성에 대해 더 자세히 배움으로써 내 몸에 더욱 관심을 가질 수 있었고, 앞으로 실수하지 말아야 될 것을 가르쳐 주심으로써 미래가 더욱 안전해진 기분이 든다."

"저에게 확실한 길을 잡아주신 것 같아서 좋았습니다. 저도 언젠가는 유혹이 오겠지만 선생님이 설명해 주시고 잘 잡아주신 길로 가겠습니다. 절대로 제 몸을 성으로 망치는 일은 없도록 하겠습니다."

"미디어 생활이 많이 바뀐 것 같다. 예전에는 익명 채팅 같은 것이나 얼굴을 모르고 대화하는 그런 것이 많았다면 요즘은 아예 끊고 하지 않는다."

"나는 성관계를 할 때 콘돔을 사용하면 절대 임신이 안 되고 그냥 성관계만 하고 끝인 줄 알았는데, 이 수업을 듣고 자칫하다 임신을 하게 된다면 그 후 사람들의 시선, 남자 친구나 부모님의 태도, 경제적인 부분에서 매우 힘들어질 것이고, 인생을 망친 거 같다는 생각이 들어 이 수업을 듣고 다시 한 번 생각하는 계기가 되었다."

"나를 다시 보게 했던 것 같다. 마라톤을 할 때처럼 지름길이 나를 유혹해도 그 길로 가지 않고, 지도해 주신 길로 바르게 가야 한다. 성 수업은 나에게 바른 길로 인도해 주신 것뿐만 아니라 나를 더 소중히 하고 다시 보게 했던 게 매우 좋았다."

"미디어 시대의 성 수업이 가장 기억에 남는다. 평소에 대수롭지 않게 보고 듣고 즐기던 것이 사실 어두운 성으로 우릴 유혹하기 위한 것이라는 것을 깨달아서 좋았다. 그 수업 이후로 두 번 다시 그런 것에 노출되지 않을 수 있어 유익한 시간이었다."

"선생님이 말한 것처럼 길이 순탄치 않겠지만 내 마음속 바른 이정표를 찾아 '올바른 성'의 길로 가겠다."

어떻습니까? 아이들이 첫 번째 성 수업 시간에 적은 글과 마지막 수업 시간에 적은 글의 차이와 변화된 태도를 느끼실 수 있나요? 아이들은 부모와 교사가 얼마나 많은 사랑과 관심을 보내며, 자신들을 존중하고 배려하느냐에 따라 몰라보게 변화하며 성장합니다. 요즘 아이들이 어떤 아이들인데, 이런 수업이 통하겠느냐고요? 과연 학교 성교육이 효과가 있기는 있느냐고요? 회의와 의심으로 가득 찬 이 같은 물음 앞에 저는 자신 있게 대답합니다.

"학교 성교육 효과 있습니다. 학교 성 수업 반드시 해야 합니다. 지금 우리 아이들에게 꼭 필요한 것은 바른 성 가치관을 확립하고, 바른 성 도덕을 내면화하는 일입니다. 이것이야 말로 아이들의 평생 행복을 보장하는 최고의 가치입니다."

"존중이 답입니다."

"해마다 다른 것 같아요!"
"애들이 미쳐 돌아가고 있어요!"
"대체 애들이 왜 저러죠?"

사실 아이들은 아무 문제가 없어요. 다만, 십대의 뇌가 예측할 수 없는 행동을 일으키게 할 뿐입니다. 무자식 상팔자라는 말, 참 잔인한 말 같으면서도 얼마나 처절하게 겪었으면 이 같은 표현이 나왔을까 공감이 되기도 합니다. 이제 막 서른 살이 된 제자가 15년 만에 교육청의 '스승 찾기 프로그램'을 통해 저에게 연락을 해 왔어요. 중학교 졸업을 3개월 앞두고 문제 행동(교내 흡연)으로 어려움을 겪던 그 아이를 졸업할 때까지 매일 점심시간에 만나 '금연 상담'을 했었거든요. 고등학교에 진학한 후에도 흡연을 계속하다가 2학년이 된 어느 날 문득 제 생각이 났다고 합니다.

'그때 그 선생님은 왜 나를 매일 만나주신 거지? 평소 친하게 지내지도

않았었는데…?'

그러고는 담배 피우기가 싫어지더래요. 어른이 된 그 아이는 자신의 잘 자란 모습을 내게 보여주고 싶다는 생각을 했답니다. 신비롭지요? 안 듣는 것 같은데, 아이들은 다 듣고 있었던 겁니다. 씨앗은 언젠가 푸르른 나무로 성장해 갑니다. 십대들은 자신들을 걱정하면서 세상으로부터 보호해 주길 바라고, 관심과 주의를 기울이면서 무한한 사랑을 베풀어 주길 바라며, 무엇보다 자신들을 존중해 주길 간절히 바라고 있습니다. 그러나 표현은 반대로 하죠. 진정으로 원하는 것은 숨기고는 간섭하지 말고 그냥 내버려 두라고 자신들의 언어와 행동으로 거칠게 말합니다. 힘듭니다. 무슨 생각을 하고 있는지 드러내지도 않고, 심지어 가까이 다가오지도 못하게 하고, 고민하고 고민하다가 어렵게 던진 질문에 무뚝뚝하기 그지없이 대답하는 십대를 사랑으로 품고 존중하기란 아무리 어른이라 해도 많이 힘듭니다.

졸업식을 하루 앞둔 초등학교 6학년을 대상으로 두 시간 성교육 강의를 간 적이 있습니다. 축제형 졸업식이어서 신나게 춤 연습을 하다가 다시 책상을 정돈하고 수업을 해야 했죠. 과연 수업이 될까 염려가 컸지만 다행히도 잘 진행되었어요. 그래서 궁금했어요. 무엇이 이 아이들의 마음을 열었을까? 평가지를 받아보니 한 아이가 이렇게 적었습니다.

'누군가가 나를 존중해 주니까, 나도 수업에 잘 참여하고 싶은 마음이 생겼다.'

돌이켜보면 저는 십대였을 때 아버지로부터 칭찬을 받아본 기억이 거의 없습니다. 텔레비전 드라마에 나오는 '아버지들'은 자애롭고 다정하기 그지없는데, 우리 아버지는 저를 업어 주었던 기억도 없습니다. 그런데 제가 일찍 잠들었던 어느 날 저녁, 잠자리에 누운 저의 머리를 쓰다듬으며 아버지가 하시는 말씀을 들었어요.

"듣는 데서 칭찬하면 교만해지니까 잘 때 칭찬해 줘야지. 항상 대견하고 자랑스럽다, 우리 딸!"

그 한마디 말씀이 저를 키웠습니다. 그날 이후로 부모님의 사랑을 한 번도 의심해 본 적이 없습니다. 아이를 존재 그 자체로 긍정해 주세요. 지금의 십대는 우리가 자랄 때와는 다르게 주체적이고 독립적으로 자신을 표현하도록 교육받고 있는 세대입니다. 이런 십대들은 자기를 표현하고 싶어 합니다. 표현하게 해야 합니다. 속으로 아무리 하고 싶은 말이 넘쳐도 우리가 먼저 충분히 그들의 말을 들어줘야 합니다. 우리가 진정 너희에게 관심을 갖고 있고, 너희를 존중하고 있음을 드러내는 방법이기도 합니다. 우리가 먼저 달라져야 아이들도 달라집니다.

◆ 참고문헌

『난 빨강』, 박성우 지음, 창비, 2015

『데이트 스타트』, 로비 캐슬맨 지음, 이지혜 옮김, IVP, 2000

『데이트, 그렇게 궁금하니?』, 민디 마이어 지음, 이지혜 옮김, IVP, 2008

『미디어의 이해』, 마셜 맥루한 지음, 김상호 옮김, 커뮤니케이션북스, 2011

『서클로 나아가기』, 캐롤린 보이스-왓슨 외 지음, 이병주 외 옮김, 대장간, 2018

『성교육매뉴얼』, 보건복지부, 인구보건복지협회, 2011

『우리 아이 성교육에 대해 꼭 알아야 할 50가지』, 린다 에어 외 지음, 이자영 옮김, 원앤원에듀, 2015

『청소년 성교육 대중문화부터 살펴야 해요』, 이광호 지음, 하상출판사, 2018

『포르노로부터 아이들을 보호하라』, 프랭크 요크 외 지음, 김시완 옮김, 미션월드라이브러리, 2003

『십대들의 사생활』, 데이비드 월시 지음, 곽윤정 옮김, 시공사, 2013

◆ 부록 1 – '명화 활용하여 표현하기' 수업에 필요한 명화 관련 도서 목록

『그림이 들리고 음악이 보이는 순간 1』, 노엘라 지음, 나무수, 2014

『그림 읽어주는 시간』, 서정욱 지음, 알에이치코리아, 2015

『그림을 본다는 것』, 케네스 클라크 지음, 엄미정 옮김, 엑스오북스, 2012

『그림이 들려주는 이야기』, 제임스 H 루빈 지음, 하지은 옮김, 마로니에북스, 2017

『그림 탐닉』, 박정원 지음, 소라주, 2017

『그림 같은 세상』, 황경신 지음, 아트북스, 2002

『나를 위한 하루 그림』, 선동기 지음, 아트북스, 2012

『리더의 명화 수업』, 이주헌 지음, 아트북스, 2018

『몸짓으로 그림을 읽다』, 미야시타 기쿠로 지음, 이연식 옮김, 재승출판, 2018

『불안의 미술관』, 이연식 지음, 재승출판, 2018

『서양미술사의 그림 vs 그림』, 김진희 지음, 월컴퍼니, 2016

『서양미술 다시 읽기』, 정숙희 지음, 두리반, 2017

『생각을 여는 그림』, 이명옥 지음, 아트북스, 2016

『세계 명화 속 숨은 그림 읽기』, 파트릭 데 링크 지음, 박누리 옮김, 마로니에북스, 2006

『아름다운 명화에는 비밀이 있다』, 이주은 지음, 이봄, 2016

『옛 그림을 보면 옛 생각이 난다』, 손철주 지음, 현암사, 2011

『오늘 그림이 말했다』, 우정아 지음, 휴머니스트, 2018

『이주헌의 아트 카페』, 이주헌 지음, 미디어샘, 2016

『익숙한 화가의 낯선 그림 읽기』, 전준엽 지음, 중앙북스, 2011

『조선의 그림과 마음의 앙상블』, 유종인 지음, 나남, 2017

『지식의 미술관』, 이주헌 지음, 아트북스, 2009

◆ 부록 2 - 성 수업에 활용하면 좋은 영상 자료

영화 「로마(ROMA)」 - 알폰소 쿠아론 감독, 135분, 2018년

1970년대 멕시코의 로마 지역이 배경인 감독 자신을 키워낸 여성들에 대한 깊은 애정을 담은 영화로 사회적인 억압, 가부장적이며 무책임한 남성들로 인한 여성의 수난을 가장 평범하고도 특별하게 그리고 있어요. 영화 전개 부분에 나오는 잠깐의 나체 무술 퍼포먼스 장면을 미리 삭제한다면 생명, 인간의 존엄, 가정에 대해 수업에서 사용하기 좋은 최고의 작품입니다.

영화 「소원」 - 이준익 감독, 122분, 2013년

어느 비 오는 아침, 학교를 가던 소원은 술에 취한 아저씨에게 끌려가 믿을 수 없는 사고를 당합니다. 이 일로 몸과 마음에 지울 수 없는 상처를 받은 소원이네 가족은 절망 끝에서 희망을 찾아 나섭니다. 조두순 사건을 모티브로 한 영화에요. 아이와 가족 모두 성폭력이라는 크나큰 상처를 입었지만 가족 안에서 사랑과 희망을 찾아 가는 이야기죠. 성폭력이 피해자에게 어떤 의미인지, 주변 사람들은 그들을 어떻게 도울 수 있는지를 보여주는 영화입니다.

영화 「인 어 베러 월드(In a better world)」 - 수잔 비에르 감독, 113분, 2010년

아내와 별거 중인 채 덴마크와 아프리카를 오가며 의료봉사를 하고 있는 아버지는 폭력에 폭력으로 맞서는 건 어리석은 일이며, 그렇게 해서는 더 나은 세상을 만들 수 없다고 믿지만 현실은 그리 녹록치 않았습니다. 열 살인 그의 아들은 학교에서 지속적으로 왕따를 당하면서 폭력에 시달리고 있었기 때문입니다. 폭력에 더 큰 폭력으로 대응하는 것이 어떤 결과를 가져다주는지, 복수와 용서, 그리고 더 나은 세상에 대해 생각하게 하는 이야기입니다.

영화 「악토버 베이비(October Baby)」 - 존 어윈, 앤드류 어윈 감독, 97분, 2012년

어느 날 자신이 낙태에 실패해 태어났다는 것과 부모님이 친부모가 아니라는 사실을 알게 된 주인공이 자신의 정체성을 찾아나서 결국 용서에 이르게 되는 과정을 섬세하게 그린 영화에요. 주인공이 질문을 던집니다. "엄마는 왜 저를 원하지 않은 거죠? 저에게 무슨 잘못이 있나요?" 엄마가 대답합니다. "그때는 아이를 지우는 것이 물어볼 필요 없이 쉬워 보였어. 낳는 게 실패로 보였거든…." 십대 임신과 낙태에 대한 수업을 진행한 후에 함께 보면 좋습니다.

영화 「너는 착한 아이(きみはいい子)」 - 오미보 감독, 121분, 2015년

옴니버스 형식으로 아동 학대를 다룬 세 편의 이야기가 이어져요. 어린 시절 학대를 받은 경험이 있는 부모의 절반 이상은 자신의 아이를 학대한다고 합니다. 영화 속 주인공들처럼 우리는 모두 상처를 안고 살아가는 존재이기에 어린이는 물론 미성숙한 어른들에게도 관심과 사랑은 필수입니다. 주변의 책임 있는 어른은 어떤 역할을 해야 하는지, '가족에게 따뜻하게 한 번 안겨보는 경험'이 아이에게 어떤 의미를 주는지를 깊이 생각하게 하는 영화에요.

※ 유튜브에서 검색하면 쉽게 찾을 수 있는 짧은 영상들입니다. 함께 영상을 보고 나서 기억에 남는 것, 새롭게 알게 된 것 등에 관해 서로 이야기를 나누는 시간까지 가진다면 교육 효과가 더 높아집니다.

「불법 촬영 영상을 보면 안 되는 이유」 - 김남훈, 18분 42초

프로레슬러가 말하는 누군가에게 복수하기 위해 만들어진 영상을 보면 안 되는 진짜 이유

「성적 욕구를 표현하는 서로 좋은 방법」 - 양동옥, 15분 37초

남녀 대학생들의 스킨십에 대한 서로 다른 생각을 연구해 좋은 방법을 제안하는 영상

「오래 행복하려면 평등한 연애를 하세요」 - 신연정, 15분 12초

데이트 폭력 예방에 대한 명쾌한 해법을 공유하는 이십대 강사의 멋진 강의

「어린이를 위한 동의」 - 한국양성평등교육진흥원, 더빙판, 2분 43초

애니메이션으로 알기 쉽게 전하는 남자와 여자 사이의 경계와 존중에 대한 이야기

「완전한 사랑을 위해 알아야 할 것들」 - 류지원, 15분 01초

아는 것 같지만 모르는 게 더 많은 피임과 성병 예방에 대한 산부인과 의사의 간곡한 조언

「이별해도 괜찮게」 - 김지윤, 13분 59초

이별에도 그에 어울리는 매너가 있는 법, 괜찮은 이별이 중요한 이유와 그 구체적인 방법